本书获得上海文化发展基金会资助

上海考古第一人
黄宣佩传

郭骥 吕建昌 戎静侃 著

上海大学出版社

著名书画家陈佩秋先生为《上海考古第一人：黄宣佩传》一书题字

上海考古一第

黄宣佩

1930年10月8日出生
浙江省鄞县横溪乡石桥村人

上海博物馆副馆长、研究员
上海地区田野考古的奠基人
长江下游地区考古学的开拓者之一

1985年，在上海博物馆办公室

黄宣佩

上海大学博物馆名誉馆长

上海大学文学院兼职教授

上海文物保管委员会委员

上海文物博物馆学会副理事长

中国社会科学院中国古代文明研究中心
专家委员会委员

中国考古学会理事

上 海 考 古 第 一 人 ： 黄 宣 佩 传

考古工作照

1984年福泉山遗址·良渚文化神人兽面纹玉琮

上海考古第一人：黄宣佩传

目录

序 　　　　　　　　　　　　　一

序一：田野人文追当年　　　　二
序二：执著于上海古文化的发现与守护　　十二

引子　　　　　　　　　　　十八

一、少时求索人生路　　　二十二

结缘上海　　　　　　　二十五
家声世泽　　　　　　　二十八
寄寓香港　　　　　　　三十一
童年失怙　　　　　　　三十五
模范学生　　　　　　　三十六
走出故乡　　　　　　　三十九
考试第一的拉门小郎　　四十
苦学航海的海员之子　　四十二
学生喜爱的乡村教师　　四十五
艰辛谋生的工厂学徒　　四十九

二、上海考古开创者　　　五十二

因缘际会进上博　　　　五十六
筚路蓝缕学考古　　　　六十

无悔选择乐奉献	六十三
柏油路上干考古	六十八
科学发掘马桥始	七十二
寻古求真崧泽现	八十四
苦中作乐考古人	九十四
坚守职责护文物	九十八
言传身教带队伍	一〇二
开启宝库福泉山	一〇七

三、文博事业领航员　　一一八

大视野构建全市博物馆格局	一二二
新思维探索地方博物馆道路	一二七
高立意传播中华灿烂古文明	一三〇
专用心学习国外先进新经验	一三七
著鸿篇举办古玉器研究盛会	一三九
秉初心筹建考古遗址博物馆	一四二
传薪火倾力支持高校博物馆	一四四

四、成就斐然树灯塔　　一四八

发现最悠久的上海和古代历史文化瑰宝	一五二
揭示上海古海岸线与成陆年代	一七二
推动良渚文化研究理论和方法取得突破	一七六

构建长江下游地区史前考古学文化谱系	一八七
深入开展古代玉器研究	二〇七
先行实践中国公众考古	二一七
20世纪卓越考古学家	二二七

五、君子如玉化春风　　　　　　　　　　二三〇
　　学术垂范　　　　　　　　　　　　　　二三四
　　忠于事业　　　　　　　　　　　　　　二四〇
　　人格魅力　　　　　　　　　　　　　　二四七
　　德被后昆　　　　　　　　　　　　　　二五五

附录　　　　　　　　　　　　　　　　　二六〇
　　黄宣佩年谱　　　　　　　　　　　　　二六〇
　　黄宣佩著述一览　　　　　　　　　　　二九〇

后记　　　　　　　　　　　　　　　　　三〇〇

上海考古第一人：黄宣佩传

序一

上海市文物管理委员会原副主任
上海博物馆原馆长
陈燮君

田野人文追当年

作为上海博物馆的老专家、老领导,黄宣佩先生曾历任上海博物馆副馆长、上海文物保管委员会委员、上海文物博物馆学会副理事长,中国考古学会理事、中国社会科学院中国古代文明研究中心专家委员会委员,上海大学博物馆名誉馆长、上海大学文学院兼职教授、上海市文物书画收购鉴定委员会委员、上海市地方志编纂委员会委员等职。他是上海地区田野考古的奠基人,也是长江下游地区考古学研究的开拓者之一。

1993年,黄宣佩先生获得由国务院颁发的"为文化艺术事业作出突出贡献"证书,这是对他多年来在文博和考古事业上所取得的成绩的充分肯定。

从船员的儿子到考古专家

1930年,黄宣佩先生出生在浙江省宁波市鄞县石桥村,他的祖父是佃农,父亲和叔父是一艘货轮的技术工人。由于家庭住址随着父亲的航程不断地变动,他先是在家乡的石桥小学上学,1938—1940年随父亲到香港居住并读二年级,直到1940年父亲因病去世,又转回上海读书。

父亲去世以后，母亲独自一人带着年仅 11 岁的黄宣佩和年幼的弟弟、妹妹生活。为了尽可能地减轻母亲的负担，他一度辍学在家。直到 1946 年，叔父升职做了高级船员，经济条件好转，于是资助他再次求学，进入北京西路江宁路众群中学读初中。1947 年，他以初中优等的成绩越二级考入江苏省立水产学校（现上海海洋大学前身），志愿成为一名海员。但当毕业时，新中国刚刚成立，海运事业尚无发展，他暂时无法实现志向，待业在家。其时正逢上海市古代文物管理委员会更名为上海市文物管理委员会（以下简称文管委），通过组织的介绍，黄宣佩参加了招聘考试并被录用。1952 年 5 月 16 日，他被分配到上海博物馆筹备处。刚开始是在群工部讲解组工作，之后一度被安排到保管部的征集组。

1954 年，当时的文化部社会文化事业管理局（国家文物局前身）、中国科学院考古研究所（中国社会科学院考古研究所前身）和北京大学联合举办第三届全国考古工作人员训练班，黄宣佩被派去参加训练，之后顺利毕业。由此，他成为解放后上海第一个参加过正规田野考古训练并具有田野发掘经验的工作者，这为今后上海田野考古的发展及人才队伍的培养奠定了基础。1956 年，上海博物馆成立考古组，隶属于研究部，黄宣佩先生担任组长。

"大跃进"时期，黄宣佩先生被下放农村劳动，不久后又被调往市文化局社文处负责博物馆、图书馆方面的工作。虽然机关工作相对清闲，但他仍然记挂着考古工作，于是在两个月后，向组织上表达了想要回博物馆继续从事考古工作的愿望。当时市文管委正急需加强干部力量，同时成立了考古组，黄宣佩先生就在市文管委负责起考古组的工作。在他的领导下，考古组一方面以古遗址的分布规律结合志书记载的某些传说进行古遗址调查，先后发现了崧泽遗址、金山坟遗址，另一方面举办文物展览，介绍文物知识，发动群众提供线索，先后发现了柘林遗址、果园村遗址和亭林遗址。之后市文管委与上海博物馆合署办公，成立了考古部，由黄宣佩担任考古部主任。

1959 年底至 1960 年初，黄宣佩先生第一次领队对马桥遗址进行了发掘，这也是上海第一次真正意义上的考古发掘。经过两个多月的奋战，在地层中发现了良渚文化、马桥文化（当时尚未定性与命名）和吴越文化的叠压关系，收获巨大。后经过细致的讨论研究，对这批遗存的年代有了科学的认识，并将这批遗存命名为"马桥文化"，这一命名得到了全国同行们的认同。1961年，黄宣佩先生主持发掘崧泽遗址，在马家浜文化之上，发现另有一种新石器时代的文化。这种新的文化类型，经过黄宣佩先生的研究与考证，后来获得了"崧泽文化"的命名。

回想当年，黄宣佩放弃海员梦想，进入上海博物馆筹备组工作，一步步走来，在考古事业上取得了卓越的成绩。

一生探寻上海地区古文化起源

黄宣佩先生最初接触考古工作的时候，在上海市所辖范围内，除了1935年发现的金山县金山嘴戚家墩遗址外，几乎没有什么古代遗址。因为上海地势低平，少有土崖断面，地下水位又高，古代遗存大多埋藏在水线以下，地下遗物与遗迹不容易暴露，志书中也没有确切的记载，因此长期未能发现古遗址，并有了"上海无古可考"的误说。黄宣佩先生曾经打趣地说："上海考古是在柏油马路上考古。"可以说，考古工作开展的外部环境并不理想，但这同时也意味着，这片未开垦的土地上蕴藏着无限的可能性。正是在这片有着无限可能性的土地上，黄宣佩先生经过多年的奋斗与钻研，为探寻上海地区的古文化起源做出了重要贡献，其成就主要包括：

一、通过考古发掘与调查，为上海地区成陆年代的研究提出了科学的依据。

上海的成陆年代是20世纪中后期学术界非常关心的问题之一。该问题的论证主要集中在境内几条古海岸遗迹年代的推断上。根据南宋绍熙年间《云间志》"古迹"记载："古冈身（即古海岸遗迹）在县（华亭县，今松江城区）东七十里。幾三所，南属于海，北抵松江，（吴淞江）长一百里，入土数尺皆螺蚌壳，世传海中涌三浪而成。"据今调查，上海地下确有多条冈身，引起争论的主要有以下几条：沙冈、竹冈、外冈以及传说中的瀚海塘。对于这几条古海岸遗迹的年代，在上海古遗址发现之前都难以推断。

1959年，黄宣佩先生主持了闵行区马桥古遗址的发掘。马桥遗址建立在竹冈古海岸遗迹俞塘段之上，其下由东南向西北延伸的贝壳沙层最厚处达2米以上，贝壳的年代经过碳14测定为距今5680±180年，叠压在贝壳沙上的古代文化层，自下而上有距今4000多年新石器时代的良渚文化、夏商时代的马桥文化、春秋战国时代的吴越文化、唐宋元明清的遗物堆积层等。这就表明，距今6000年前，竹冈一带尚在海中，到距今4000多年前，竹冈上已经有人居住，建立了村庄。海边的土地，必须在盐碱淡化和海浪的入侵远离之后才适合居住，所以竹冈古海岸年代早于良渚文化，可以推断为距今5000年前后。这一发现，打破了竹冈是两千年海岸线的推论。

二、通过对崧泽遗址的发掘，发现了上海最早的古人，使研究上海史的年代推前到距今6000多年前。

早年，根据东晋所建沪渎垒的记载，学界一般以为上海在距今1600多年前只是一处海滨渔村；或据相传春秋时吴王寿梦筑华亭，上海曾经是吴王的狩猎休憩地，再往前就无据可查。

1961年，黄宣佩主持发掘青浦崧泽遗址，第一次在本地区发现了距今6000年前后的马家浜文化遗址；此后，又在青浦福泉山和金山区的查山遗址发现了同类文化遗存。

马家浜文化以首次发现于浙江嘉兴的马家浜而得名，是我国长江下游太湖地区现知最早的新石器时代古代遗存之一。崧泽遗址下层出土的木炭，经碳14年代测定，为距今5985±105年和4035±40年。这一时期古人的住地是亚沙土，而其周围为沼泽泥，古人是在沼泽环境中择高地居住。生产工具主要是石器和骨器，骨器有镞、锥、凿等，所用动物骨骼的种类有猪、狗、牛、獐、麋鹿以及龟、青鱼、蛙、蛤等，都是先民们食后丢弃的残骨，其中猪骨经鉴定属于饲养猪，反映出牧畜和渔猎在当时的经济生活中已占有很高比重。最突出的是一个灰坑中发现许多已经碳化的稻茎和谷粒，经鉴定属于粳稻和籼稻，都是人工培育稻，是当时全国最早的古水稻标本。这表明距今6000年前后，上海古人已经种植水稻。上海马家浜文化遗址的发掘，呈现了上海最早古人的生活情况。

三、主持上海地区的考古工作，在中国考古学上获得了"崧泽文化"和"马桥文化"的命名。

在崧泽遗址被发现和发掘之前，学界对长江下游太湖地区新石器时代的古文化只知道6000年前的马家浜文化和4000多年前的良渚文化两种类型。1961年，黄宣佩主持发掘崧泽遗址时，在下层马家浜文化之上，发现另有一处新石器时代的墓葬群。其遗物特征与马家浜文化显著不同，与良渚文化也有所差异，由此得出结论：崧泽中层是一种新的文化类型，由于发现的遗迹和出土器物非常典型，又及时发表了考古报告，后被考古界命名为"崧泽文化"。

除崧泽遗址外，上海境内的崧泽文化遗存还有福泉山、汤庙村、寺前村等多处。崧泽文化遗址经过多次考古发掘，按照文化层的土质土色变化和器物形制的演变，年代上还可以排出早晚四期，呈现由马家浜文化向良渚文化过渡的状态，这表明崧泽文化是太湖古文化发展序列中的一个重要环节。

黄宣佩还主持了马桥遗址1959—1960年第一次发掘和1966年的第二次发掘，发现了一种新的文化类型。这类文化的陶器表面通体拍印编织纹，此前曾被考古界泛称为几何印纹陶文化，以后又归入首次发现于南京湖熟镇的湖熟文化。但经过黄宣佩的整理研究，发现这一文化类型与湖熟文化显著不同，从烹饪器、蒸煮器、印纹陶器等多种细节差异的分析可以得出判断：马桥中层是一处古越文化遗存，而湖熟则是古越与中原商周文化结合的另一类文化。考古报告发表之后，该处文化被考古界称之为"马桥文化"。

马桥遗址的发掘研究在中国考古史上具有重要意义。首先，它将上海的历史向前追溯到了距今四五千年的良渚文化时期。其次，它将上海的成陆年代向前推了一大步，黄宣佩认为至少在5000年前，上海西部及西南部就已成陆，远较学术界当时的普遍认识要早，这一观点后来得到了学界的肯定。最后，它确认了良渚文化与马桥文化的先后关系。当时曾有观点认为良渚文化与以印纹陶为代表的马桥文化是共存关系，而马桥遗址的发掘找到了马桥文化与良渚文化的叠压关系，为判断良渚文化早于马桥文化提供了直接的地层依据。

马桥遗址作为新中国上海第一次考古发掘，取得了丰硕的成果，也给了黄宣佩极大的鼓舞，使他对考古工作更加入迷，就此与考古结下了半个多世纪的缘分。

对马桥和崧泽遗址的科学发掘不仅完善了长江流域的考古学文化谱系，培养了一支考古队伍，也为黄宣佩先生个人的学术研究奠定了扎实基础。

以考古发掘为基础的中国古代文化研究

黄宣佩先生致力于探索与研究上海古文化，但并不把自己局限在一时一地的局部问题之中。他擅长运用严密的逻辑思维，以在考古实践中形成的广阔视野为基础，充分利用并严格忠实于考古材料，对各种考古学问题进行严谨的分析和研究，站在世界及中国考古学的高度，寻找中国古代文化和社会发展的规律。

黄宣佩先生扎根于考古发掘与研究，不但对良渚文化的发现，同时也对良渚文化的研究作出了重大的贡献。

良渚文化是我国新石器时代的一脉影响深远的古文化，关于良渚文化的研究，也向来是我国考古学的重点课题之一。黄宣佩先生在其考古发掘生涯中着眼于整个良渚文化并进行了深入的研究，在这一领域作出了重要贡献。

1959年，黄宣佩先生主持马桥遗址的发掘，第一次发现了良渚文化的墓地。墓地位于居住遗址近旁的一片平地上，墓位分散，反映出聚落内血缘关系的松散；埋葬方式采用平地堆土掩埋，未见葬具，显得极为简陋；墓内人骨大部保存尚好，随葬品极少，且都是墓主生前用的生活用具，生产工具很少。综合上述多种因素来看，这是一处良渚一般氏族成员的葬地，这一发现使得此前因各种原因已停滞多年的良渚文化研究工作进入了新的领域。

1966年，黄宣佩先生主持马桥遗址的第二次发掘，首次解决了良渚文化与马桥文化的地层叠压关系。马桥在上、良渚在下，证明良渚文化早于马桥文化，他还对两者的不同作出了区分，为良渚文化年代的研究提供了科学依据。

1984年，黄宣佩先生主持青浦福泉山遗址的发掘，第一次揭开了良渚高台贵族墓地并非利用天然土山，而是人工堆筑高台的秘密，在学术界引起巨大反响。考古界的老前辈、中国考古学会前理事长苏秉琦先生对之给予高度评价，称人工建造的福泉山良渚高台墓地是"中国的土建金字塔"。

从1982—1987年，福泉山前后发掘了三次，在山上找到良渚墓葬30座，山顶南部良渚墓群顶上还有一座燎祭的祭坛。各个良渚大墓内都放置了大批精美的玉器和陶器，甚至还有象牙雕刻器。玉器有斧、钺、琮、璧、锥形器、冠形器、半圆形器、角状器、柄形器、靴形器，以及珠、管、环、镯、坠、玉鸟和用于镶嵌的各种小玉粒等，往往一墓出土百余件（粒），玉质之优美，制作之精湛均属良渚考古所罕见。出土的石器如斧、钺、锛、凿或刀也都器形规整，器表经过高度抛光，同样属于礼仪用器。

福泉山良渚文化大墓从高台墓地的建筑和有燎祭祭坛，以至使用人殉和人牲及占有大量珍贵的玉、石、陶制礼器，说明早于夏代的良渚文化已经进入文明时期，这为研究我国的国家起源提供了一个极为重要的实例。

黄宣佩先生以考古发掘材料为基础，对中国新石器时代玉器进行深入研究。

早在新石器时代，玉器已成为中华大地上使用范围较广、延续时间较长的艺术品，在各地多有出土，良渚文化的玉器尤其独具特色。

在长期的考古发掘与学术研究中，黄宣佩先生对良渚文化玉器的用途、制作工艺、玉器变白以及玉器刻符、玉琮、玉锥形器等都作了深入的研究，创获颇丰。关于良渚玉器的用途，黄宣佩先生统计了90余座墓葬出土的玉器，他认为应该综合器物的出土位置、纹饰、墓主性别等多方面信息，进行统计分析，并对玉钺、玉琮、玉璧、玉锥形器、玉冠形器、冠形器、三叉形器、玉璜等的用途提出了自己的看法。

"鸡骨白"是良渚文化玉器的特征之一。良渚玉器的用材主要是青玉，变白是它的次生变化，关于其原因，历来以为是在地下受沁。但黄宣佩从考古实践出发，观测到并不是同类材料在相同的地理环境埋在同样深度都会变白，而且经科学测定，变白的玉材，其物理成分未变，只是质地变松而已。以此为基础，结合玉器经火烧即会变白的特性与太湖地区良渚文化葬俗盛行燎祭的现象，黄宣佩提出了古玉器变白应与受热有关的观点。

良渚玉器的制作工艺也历来是学术界关注的热点。黄宣佩访问了许多富有琢玉经验的技师，并对出土良渚玉器进行了微痕研究，认为良渚文化时期的古人已经具备了发明砣具的条件，并且良渚玉器上的诸多减地浮雕只有使用砣具才能雕刻，他据此推断，良渚的琢玉已经使用了砣具。

此外，黄宣佩还对新石器时代的齐家文化玉器、金沙遗址的玉器都作了重要的研究。

对文博事业的无私奉献

1979年，黄宣佩先生被任命为上海博物馆副馆长，主管文管委工作及文物保护技术科学实验室。在任职期间，他与各区县积极协商，多方筹措资金，对上海地区现存的、因年久失修而濒临损毁的许多古塔进行了抢救性保护——1992—1994年，黄宣佩主持了西林塔的修缮事项，并对该宝塔天宫、地宫进行发掘，发现了玉器400余件，数量之多、制作之精，均属罕见，是研究明代民间玉器的一大收获；1994年，他主持对严重倾斜的嘉定法华塔进行抢修，发掘了塔底的地宫和六层塔室的壁龛，清理出大量宋、元、明代文物。

除此之外，黄宣佩还主持对青浦青龙塔、万寿塔、泖塔等地面文物进行了修缮，并主持筹建了青浦、嘉定、松江、奉贤等区县博物馆，为上海的地方文物保护与博物馆建设作出了重要贡献。时至今日，这些区县博物馆当年参与过筹建的"老人"们提起黄馆长，依然是无尽的思念和敬意。

作为主持发掘了"崧泽文化"和"马桥文化"遗址的考古专家，由于其发掘和研究成果对江浙一带的考古工作都有着重要影响，黄宣佩先生在整个长三角地区的文博界都很受敬重。浙江省文物考古研究所良渚考古站首任站长王明达先生和黄宣佩先生是多年的老友，他说："我 1984 年去参观过黄宣佩主持的福泉山考古发掘，他的工作给我的启发很大，之后我主持反山良渚遗址的发掘，就是受到他在福泉山的工作的启发。而黄宣佩先生对我们在反山的工作也很支持，不仅破天荒地派出上博所有的考古人员来参观，更是让上博技术部的老师傅吴福宝来帮忙了 20 多天，帮助我们在发掘过程中对漆器和玉器进行保护和修复。"

黄宣佩先生作为一名专家型的领导干部，他身上所体现出来的老一辈文博工作者的精神风貌，值得我们好好学习、发扬光大。第一是敬业奉献的品格。把工作当事业，把事业当作生命的一部分，"板凳一坐几十年，青灯伴随大半生"。第二是刻苦钻研的精神。勤奋学习、刻苦钻研，成为著名的考古学专家。第三是识才用人的气度。注重人才队伍建设，培养出了一批业务骨干。第四是求真务实的作风。在半个多世纪的文博生涯中，黄宣佩先生以科学严谨的态度对待学术业务工作，以艰苦奋斗的作风投入野外考古，取得了丰硕的成果。

思念无限，缅怀深切，赋诗一首：

遗址悠悠古今缘，田野人文追当年。
崧泽马桥新论起，文化谱系见续篇。
沪上考古奠基人，长江下游寻古源。
情意无尽汇浦江，后辈岁岁念前贤。

2018 年 8 月 22 日

序二

上海博物馆馆长
杨志刚

执著于上海古文化的发现与守护

读郭骥等著《上海考古第一人：黄宣佩传》，传主的形象不断浮现，并更趋丰满而真切。

黄宣佩先生是浙江宁波人，1930年出生，幼年在鄞南石桥村度过。其父在上海的轮船上担任大管轮，这使得黄先生童年时有机会进入上海生活；1938年，因父亲工作变动，又举家迁居香港。1941年太平洋战争爆发，黄先生只得返回老家。

孩提时代的经历，拓宽了黄先生的视野，也在他的心头留下城市文明的印痕。14岁那年，黄先生又来到上海，务工、求学。几年后，他以初中优等的成绩越级考入设在崇明的江苏省立水产职业学校。黄先生的梦想是，像父亲一样当一名好船员，在大海航行。

转变发生在1952年。这年5月初，正处于失业状态的黄先生在接到区政府通知后，参加了上海市文物保管委员会的招聘考试，并顺利通过。同年上海博物馆开馆，他进入博物馆，担任书画大厅的讲解。之后，传主的故事就与上海博物馆紧紧相连。大的方面，我曾从黄先生这里，从他的同事同行那里，还有从上海博物馆馆史和上海考古历史的记述中，多多少少获知一二。唯有黄先生入职上海博物馆之前的这一段，于我而言在读本传前，乃是一片空白。但这一段，对于完整理解黄先生的职业生涯十分重要。

本传详尽地记录了黄先生的人生历程及其在考古、文博领域的工作与成就。全书分五章，第一章"少时求索人生路"，讲述黄先生22岁进入上海博物馆之前的早年经历。第二章"上海考古开创者"、第三章"文博事业领航员"、第四章"成就斐然树灯塔"、第五章"君子如玉化春风"，全面回顾了黄先生投身文博考古事业，执著于上海古文化的发现与守护的事迹。下面我扼要地将黄先生献身上海考古工作的精彩人生作一简述。

1952年5月16日，黄先生第一次迈进旧上海的跑马厅大楼，这里经陈毅市长亲自选定，被改造为上海博物馆和上海市文管会以及上海图书馆的所在地。1953年，黄先生被选拔为讲解组的负责人。次年，又被选调参加由文化部文物局、中国科学院考古研究所和北京大学联合举办的第三期考古人员培训班。1956年，上海博物馆成立考古组，隶属研究部，黄先生任组长；后来其又任历史部副主任、考古部主任。上海博物馆考古工作起步时，在上海市所辖范围内，除1935年发现的金山县戚家墩遗址外，还没有其他古代遗址发现，同行间甚至流传柏油马路上有多少"古"可"考"的玩笑话。然而黄先生不为所动，对上海考古工作的前景充满信心。

1959年底至1960年初，黄先生主持对马桥遗址的发掘，这是上海第一次真正意义上的考古发掘。经过两个多月的奋战，考古队在地层中发现良渚文化、马桥文化（当时尚未定性与命名）、吴越文化的地层关系。经过后期的进一步研究，对这批遗存形成更科学、更系统的认识，遂将其命名为"马桥文化"，得到国内同行的认同。马桥文化的发现为上海西部地区成陆年代的研究提供了重要依据，也证明了四五千年前上海已有人类居住生活。

1957年，黄先生赴江苏省青浦县崧泽村开展田野调查，发现重要线索。不久，青浦划归上海，黄先生即主持发掘崧泽遗址。在马家浜文化层之上，发现一处新石器时代墓地，墓葬中出土了大量典型器物，经黄先生研究与考证，并及时发表考古报告，将此定名为"崧泽文化"。崧泽遗址的发掘，使得研究上海史的年代推前到6000余年。1974—1976年和1994—1995年，黄先生又两次担任领队发掘崧泽遗址，取得后续成果。

1980年代，黄先生主持青浦福泉山遗址的发掘，第一次从考古地层学揭示了良渚文化时期高等级墓地的构筑过程，揭开良渚文化高台贵族墓地并非利用天然土山，而是人工堆筑高台的秘密，在学界引起高度关注。受此发现的启发，良渚遗址群后来陆续发现了反山、瑶山、汇观山等著名遗址，从而开启了良渚文化研究新的阶段。

黄先生于1979年担任上海博物馆副馆长，主管上海文物管理委员会工作。他与各区县积极协商，多方筹措资金，加大对不可移动文物的保护。其中对上海地区现存的、因年久失修而濒临损毁的许多古塔，展开了抢救性保护工作。1992—1994年，他主持西林塔的修缮，并对西林塔天宫、地宫进行发掘，发现玉器400余件，数量之多，制作之精，均极为罕见，是研究明代民间玉器的重要收获。1994年，他主持对严重倾斜的嘉定法华塔进行抢修，发掘塔底的地宫和6层塔室的壁龛，清理出大量宋、元、明代文物。此外，他还主持对青浦青龙塔、万寿塔、泖塔等地面文物进行修缮，主持筹建青浦、嘉定、松江、奉贤等区县博物馆。在他的引领、指导下，上海各区县的文物保护工作得到顺利推进。

黄先生的考古学研究集中于中国南方地区考古领域。他以开阔的视野、缜密的逻辑思维和忠实于考古材料的科学态度，对各种考古学问题进行严谨的分析和研究，站在世界及中国考古学的高度，寻找中国古代文化和社会发展的规律。他还对良渚文化玉器的用途、制作工艺、玉器变白以及玉器刻符、玉琮、玉锥形器等进行深入研究。他统计了90余座墓葬的出土玉器，综合器物的出土位置、纹饰、墓主性别等多方面信息进行论述，对玉钺、玉琮、玉璧、玉锥形器、玉冠形器、三叉形器、玉璜等的用途提出自己的见解。

在毕生的考古实践和研究中，黄先生领衔撰写出版了《马桥》《崧泽》《福泉山》《上海古代历史文物图录》等学术专著，发表论文60余篇，为后人留下丰富的学术遗产。他曾被聘为上海大学博物馆名誉馆长、上海大学文学院兼职教授。1992年，黄先生获国务院政府特殊津贴；1993年再获国务院颁发的"为文化艺术事业做出突出贡献"证书。

20世纪80年代初笔者在复旦大学求学时，聆听过黄先生的讲课。后来在工作中也与先生有所交往，得到帮助和指教。上海博物馆地下二层略带"神秘"色彩的贵宾厅，当年就是由黄先生安排，我等上海市历史学会会员一行，得以一瞻尊容。2013年黄先生仙逝，我因学校的其他公务未能参加告别仪式，留下遗憾，但先生温和、平静的神态早已刻入记忆的深处。

感谢上海大学出版社出版本书，同时也感谢上海文化发展基金的资助。本传作者和黄先生哲嗣嘱我作序，不敢辞命，乃翻检相关资料，爰作小文，略抒心曲，以资纪念。今年10月8日，将迎来黄先生88周年冥诞，诚愿本书的出版，给昔日上海考古第一人送去一份深深的思念与崇高的敬意。

青年黄宣佩曾向往大海，后来因缘际会，一生奉献给了文博考古事业。我想，考古的田野又何尝不像茫茫大海！黄先生是驶入了另一片海域，一生其实都在拥抱大海。而无论在哪一片大海航行，都需要同样的沉着和智慧。所以读了本传，我才进一步明白：记忆中黄先生温和、平静的神态，正来自对于深邃、苍茫的大海之向往。

在此也衷心祝愿上海博物馆的考古工作，在黄先生精神的指引和激励下，继续破浪前行，向着辽阔大海的深处进发。

最后感谢陈佩秋先生拨冗为本传题写书名，惠赐墨宝。

杨志刚

2018年8月6日

十七

引子

引子

引子

浙江宁波鄞南的石桥村

引 子

浙江宁波鄞南的石桥村，是一处山清水秀的江南水乡。

村东约摸一里，有座石桥山，山顶上两棵高大的乔木，人们称之为"神树"。树下的小庙香火很旺，香客不断，这个"神树岗墩"，简直就是石桥山的标志。石桥山向南向西都是山区，南望十余里山峦叠嶂。山涧汇成横溪，曲曲折折流向宁波港，形成一大片河网。其中的一条，就流向了石桥。

石桥村，横跨在河道的两岸，全村有大石桥两座，东首是太阳桥，老祠堂边的是世锦桥，这里也是全村活动的中心。村里横穿过三条支流，河上又各有一拱小桥。

沿河东西向住着千余户人家，黄姓、范姓是大族，其中黄姓占了十分之九，范姓有百余户，其他的姓氏则很少。

民国十九年（1930年）10月8日，黄宣佩就出生在石桥村。

少时求索人生路

一

少时求索人生路

田头垄上
都市衢巷
少年
经历动荡的岁月
渴望宁静的时光
携着求学鸿志
不忘问道初心
扬帆，人生启航

一 少时求索人生路

结缘上海

家声世泽

寄寓香港

童年失怙

模范学生

走出故乡

考试第一的拉门小郎

苦学航海的海员之子

学生喜爱的乡村教师

艰辛谋生的工厂学徒

结缘上海

黄宣佩的家,在石桥的西岸。

宣佩的祖父名叫黄可铭,20岁丧父,祖上没留下什么田产,只能依靠租田耕种过日。后来自己造了屋,算是有了两头耕牛,雇了两名长工。

黄可铭外号阿曼(猫)头,他青年丧父、中年丧妻,境途艰辛,仍然一生行善,是远近闻名的老好人。凡有乡中遇见修桥铺路、施舍棺材来求他的,他总是有求必应;人家借用农具不归还的,他也不去计较;碰到有人吵架去劝和时,阿曼头还会替人赔钱。

祖父黄可铭

宣佩出生的那天,祖父黄可铭欢喜得不得了。话说自从可铭的祖父时起,房中男丁就少,到了可铭一辈,更有"十八堂姐妹"之称,一房皆为女儿。尽管当时江浙一带思想进步,倡议男女平等,但农村人依然看重劳力,讲究延续香火。见得长孙出世,黄可铭烧了几大锅长面汤果,亲自挨家挨户地送。

族人纷纷道喜,按照惯例和家境的情况,每家回礼鸡蛋两枚,也有是四枚的,一圈下来,可铭挑回的鸡蛋就有满满两大筐。

此时,宣佩的父亲黄立槐,正在轮船上担当大管轮,远在上海。

黄立槐在家中排行老二,上有一个姐姐,下还有一弟一妹。立槐14岁丧母,小学毕业后就去上海的鸿昌祥船厂当学徒学技工,每晚还到夜校读英语。学成满师后,先是在船上当技工,不久就升为二管轮、大管轮。立槐技艺高超,轮船上的机器出现故障,船员找不到问题出在哪里,只要请大管轮出马就能修好。立槐听机器运转的响声,便知道是什么毛病,三下两下爬上机器舱房,往往不到一支烟的工夫,机器就能恢复正常运转。

宣佩的童年在石桥村度过。平日父亲难得回家,全由母亲徐杏翠一手抚养长大。杏翠也是鄞县人,家在徐东埭老六房,幼年很艰苦。杏翠的父亲是上海衙门里的小书吏,收入养不活一家六口,只得靠着母女替人洗衣服贴补家用,杏翠自然无钱念书。

父亲黄立槐

父亲黄立槐

转眼过了冬季，又到开春农忙时节，家里的两个长工每天下地干活，杏翠一边带娃一边忙着家务。黄家经济不很宽裕，加之可铭是个老好人，对族中大小事务很是慷慨。儿子立槐每月寄回薪水补贴家用，开支用度仍显紧紧巴巴。家中租了人家的田，养了两头牛，还雇了两个雇农，但洗衣、烧饭、晒谷的全部家务和种田辅助工的重担，都落在了杏翠身上。

一晃之间，宣佩已长到两三岁，杏翠算是放了一半的心。这天她在家中忙着做饭，让孩子自己玩耍，不料小宣佩顽皮地走到屋前烧灰堆的地上。那地上是烫热的，四周尚有余灰，宣佩竟然走了进去，烫到脚底却不知走出来，只是站着大哭。刚好祖父从外归来，他是最不舍得孩子哭的，连忙把宣佩抱起，心疼得不得了。左思右想孩子没人照看总不是个办法，只好请来一位女佣料理家务，让杏翠可以腾出手来，全心照看孩子。

母亲徐杏翠

没过多久，宣佩的父亲立槐在宝丰轮当上了大管轮，行驶于上海、崇明等地的航线上，于是把妻子和儿女接到大上海，住在南市花衣街吉安里6号的双亭子间里。花衣街在老城厢里，紧挨着董家渡，这里是当时大上海出了名的服装一条街，沿街商铺林立；这里也是上海最大的棉花市场，是南方和北方棉花运输的中转站。花衣街不长，但是钱庄云集，比如像同康、泰康、肇康、同元生就坐落在此，街上人来人往，小宣佩看得不亦乐乎。

吉安里大约是老城厢里最早的一批新式里弄，据说是近代大实业家陆伯鸿出资建造的。新式里弄是石库门里弄的改良升级版，比起石库门来有着更好的通风和光照，所以很多当时的中产阶层都喜欢租住在整洁干净的新式里弄。亭子间是整栋房子北侧最小的房间，不过吉安里的房子设计了双亭子间，

父亲黄立槐任职的远洋货轮

是个套间,对于年轻的一家五口来说,住房条件已是很不错的了。

  立槐忙于工作,经常要出海航行,留下杏翠在家照顾儿女。没有了农活压力,只是看顾孩子,杏翠顿时轻松了。花衣街离外滩不远,平日里天晴,杏翠会带着宣佩到黄浦江边看看大轮船,还有十六铺熙熙攘攘的人群。这是小宣佩第一次离开故乡,与宁波乡下截然不同的上海,给他留下深刻的印象:十里洋场、摩登都会,新奇的景观,井然的秩序,多元的文化,还有金发碧眼的外国人。童年记忆,让宣佩喜欢安宁纯真的宁波乡间,也同样喜欢视野宽阔的大上海。此时,幼小的黄宣佩是否会有预感,他将与上海结下半个多世纪的缘分,并且将上海的历史上推到了6000年前。

家声世泽

  黄宣佩出生的时候,正是中华民族到了最危险的时候,"九·一八事变"

"一·二八事变",中日战争已然打响。国民政府采取了绥靖策略,一方面与日本签订协定,步步妥协,逐渐丧失对东北和华北地区的控制;一方面控制舆论,压制抗日的声音。

然而上海的民众请愿抗战救国的呼声日益高涨。1935年的夏天,电影《风云儿女》上映,一时间大街小巷传唱起《义勇军进行曲》,小宣佩也为这激情所感染,跟着邻家姐姐学唱歌曲,还似懂非懂地跑去听弄堂里爷叔们对于时局的议论。

儿时的黄宣佩

小宣佩初生牛犊,天真无畏,父母亲却常怀忧虑。看着时势动荡,立槐和杏翠担心孩子的安危,商量着暂时把宣佩送回乡下念书。于是,六岁不到的宣佩跟着母亲回到石桥村,被送入了石桥小学就读。

上学的头一天,祖父和母亲将早已备好的状元糕等二色糕点和一大壶黄糖煮生姜的糖水带上,领着小宣佩去学校。到了石桥小学,先拜一拜孔夫子的画像,然后来到教室。同学们都已经坐好,老师也站在讲台前,黄可铭牵着宣佩的手上前,命他向老师鞠躬,然后双手捧上状元糕送给老师。杏翠在边上帮忙倒茶水,可铭又领着宣佩将糖水一杯杯送给同学。这就算正式入了学。

宣佩的姐姐也在学校里上学,每天清早两人结伴同行。上课时,宣佩就坐在姐姐身旁。那时宣佩还小,什么也不懂,老师叫抄书,就把姐姐写的送上去,所以上学还只是一个名义,宣佩的求学问道生涯,才刚刚拉开序幕。

其实,这次回乡还有件大事要办,就要把立槐的媳妇杏翠、儿子宣佩写进家谱。

中国传统社会中,国之大事,在祀与戎;家族大事,在延续香火。香火不只是要有儿孙传代,更重要的是写进家谱,这就是所谓的进香火。按照石桥黄氏的规矩,每隔20年修一次家谱,在这20年里新娶的媳妇、所生的子女,能被承认的就写进家谱,视为黄氏血脉;否则,就排除在外。所以进香火的前后,常常有族人为了能写进家谱,到祠堂跟族长吵闹的。

村里的祠堂有三座，东首的新祠堂，居中的老祠堂，还有西端的小祠堂。这年的进香火，是在老祠堂里。

进香火当天，无论在何处的子孙都必定回来参加，立槐也不例外。他携着小宣佩，跟随着父亲黄可铭走进了祠堂。

老祠堂大门的门楣上书有"太傅祠"，左右一幅对联，上联"江夏家声远"，下联"明州世泽长"。走进大门，先有个小院，后边是祠堂。祠堂上供奉着太傅公，记载了南北朝时太傅公平乱有功获封爵的故事。据传太傅公是黄帝的一百零八世孙，因此黄氏家族以自家是最正宗的炎黄子孙而自豪。

宗祠里藏着宗谱，进香火的这天会打开，只见上书：

始尔永启泰顺忠孝勤俭百千万载祖有善行仁义礼智信贤良方正直恭敬中和端可昭宣圣明久远隆大德泽恒宝贞无

从祖父可铭到宣佩，正是宗谱里的"端可昭宣"。祖父可铭是"可"字辈，父亲立槐学名昭兴，是"昭"字辈，而到了宣佩这一辈，已是"宣"字辈了。年龄有先后，辈分有长序，倘若遇见"端"字辈的，不论他是大人或小孩，宣佩都得叫声太公；反之遇到"明"字辈的，就得唤宣佩为公公了。

除了姓氏辈分，每一房还有房名，可铭是黄合房，立槐是黄兴房。看着长孙宣佩和儿媳黄门徐氏被写进家谱，黄可铭这才松了口气。石桥村的黄氏宗族，就像祠堂外的大槐树那样枝繁叶茂，欣欣向荣。黄合房、黄兴房有了后代，这了却了他的心愿，能向列祖列宗交代了。

从祠堂跨过小桥回家，一路上亲友祝贺声不断，宣佩的小脸也不知被摸了多少回。家里满满堆着亲友们的贺礼，杏翠和弟媳忙里忙外招呼着，在屋外布置了四桌宴席。夜色降临，可铭让两个儿子点上房里的汽灯，又在屋外点上五盏，跟油盏灯草比起来，简直是微萤明月。巷子那头的祠堂传来锣鼓声、叫卖声，宾客三四十人聚在一起，或谈天说地，或叙古论今，觥筹交错，笑声不断。宣佩是今天的主角，可铭和立槐领着他一桌一桌地敬酒，为长辈祝寿的同时，也讨得了一句句祝福。

酒过三巡，可铭拍拍手，问小宣佩去看戏可好，宣佩连声说好。于是可铭抱起孙儿，穿过小巷，走向祠堂。沿途偶有几座堂沿，也叫做堂屋，是各支家族婚丧嫁娶的办事场，今天有说书的，也有演个小戏的。大祠堂门前摆满摊贩，乡人络绎不绝，今朝可是请来了正宗的戏班。戏台正中三盏大汽灯，加上世锦桥上的一盏，亮如白昼。舞台上刀光剑影，咿咿呀呀，喧闹直到深夜。今夜自然比平日里睡得晚些，宣佩也不知道自己是如何睡着的，只记得第二天醒来时，家里的地板上睡满了客人。

寄寓香港

中国全面抗日战争一触即发。

1937年7月7日"卢沟桥事变"，8月13日淞沪会战打响，炮火连天，血流遍野。宝山沦陷，金山沦陷，青浦沦陷，浦东沦陷，大上海沦陷。然而中国军队浴血奋战三个多月，让世界看到中华民族纵使战到一兵一枪，亦决不终止抗战之毅力；闸北八百勇士坚守四行仓库，让国人皆抱守土抗战之责任，牺牲一切之决心！

此时，在远离上海的宁波乡下，孩子们尚且不知战争的残酷，不晓得个中的愁苦滋味，生活似乎依然踩着本来的步调，时光如家门前的小河，缓缓流淌。

回到自然怀抱的宣佩如鱼得水，他生性调皮好动，总被二舅说成是坐不住五分钟，管得住他的只有母亲杏翠。这天天气炎热，宣佩跟着小伙伴到田里玩耍。田里有一堆堆的草子，又叫紫云英，传说草堆里躲着水鬼，孩子犯着会生重病，弄不好连命也没了，所以大人们不许孩子们靠近，更不用说钻到里面玩耍了。宣佩胆大不怕鬼，他见天气热，便提议小伙伴一块钻到草堆里避暑，也可以捉迷藏。小伙伴们害怕，都不敢去，宣佩拍拍胸脯，一头扎进草堆，回头招呼大家，快来找我呀！几个胆大的小伙伴见着没事，也跟了进来，剩下几个女娃娃胆子小，都跑回家去了。

正你追我赶玩着热闹，宣佩见小伙伴们纷纷往草堆外跑。他悄悄往外一瞅，这下可好，村里的大人赶来了，抓住自家小孩骂着呢，那远远过来的可不是自己的母亲！平日里，母亲虽然疼爱宣佩，但也从不吝惜打骂责罚。宣佩知道现在出去免不了挨揍，赶忙向着相反方向就跑，心里想着躲过了母亲的气头就好了。于是一直捱到天黑，这才摸摸索索走进家门。母亲早已做好了饭菜，见宣佩回来，也不多说话，盛碗饭放在桌上。宣佩自知做错事了，低头三口两口把饭吃完，便自个儿看书去了。只听得那厢里母亲洗碗铺床，心里一松，事情大约算是过了。这天不到九点便上床乖乖睡觉，心里揣度明早起来就没事了。谁想刚睡下不久，母亲走进房里，掀起被子就是一顿好打，打得宣佩眼泪汪汪连连求饶，发誓再不敢了。从此宣佩知道，只要有错，挨打是躲避不了的，必须为自己的所作所为负起责任。

没过多久南京沦陷，国民政府迁移到大后方继续抗战。日本人的飞机时不时地在天上掠过，有时还会扫射轰炸。族里有些家产的，都盘算跟着国军躲避到大后方去。这一年过年，村里尤其冷清。

大年夜里，母亲杏翠简单做了几个菜，大伙围坐在一起说了会儿话，早早地也就散了。祖父依然按着惯例，给孩子们发压岁钱，宣佩揣着钱，坐在门槛上看星星。记得往年，年糕师傅会来这儿，一家大小候在四周，师傅把一个个年糕条抛给大家，每人拿来放在印板上印年糕，然后捧着年糕团到亲戚和邻居家去分。谢年拜菩萨，吃鸡汁年糕汤，这是儿时过年最快乐的事情了。正月初一，还有龙灯来、马灯来，路过哪家就表演一番，非常热闹。亲友邻里你来我往，天天做客，讨压岁钱……

可惜这一年，竟是如此的寂静，宣佩也第一次真切感受到战争带来的恐惧。

上海落入了日本侵略军之手。这时，立槐已在外轮上当轮机长，航行在印度和香港之间。他来信说日本侵略军到处烧杀抢掠很是危险，让家人暂到香港避一避。自从鸦片战争之后，英国通过多个不平等条约，将香港强夺为其殖民地。太平洋战争爆发前，日本尚未向欧美列强宣战，香港就成了暂时安全的避难之所。

祖父年迈，留在村里不肯走，于是由母亲带着宣佩，还有姐姐宣琴和妹妹宣英，回到上海八仙桥的住处。隔了几天，立槐的朋友找上门，关照了出发日期和注意事项。一想到又能见到父亲了，宣佩于紧张的气氛中难得感到了欢喜。

到了出发那天，天还没亮母亲便叫醒孩子们，坐着三轮车早早地赶往十六铺码头，找到公司的轮船。远远地，便见有人在舷梯上挥手招呼，于是趁着太阳还没升起的时分，悄悄躲到了轮机舱。过了许久，天亮了，宣佩有点撑不住，心想着打个盹。忽然舱门打开，父亲的朋友招呼杏翠带着孩子们离开，杏翠赶忙抱起宣英，拉着宣琴和宣佩来到船尾，再三叮嘱孩子们不要嚷嚷。大约半小时后，才被招呼着迁回到前面的甲板，就这样躲过了海关检查。又隔了大约一个多小时，船终于起锚出航了。杏翠这才吁了口气，带着三个孩子回到房间。过了许多年宣佩才明白，要按现在的说法，这就是"偷渡"去香港了。

1938年，黄宣佩（左一）与母亲和姐妹乘船去香港

船舱里的床铺分上下两层，加起来共有六张床，应该算是四等舱。杏翠安顿好铺盖，带着孩子们到甲板上吹吹海风。那时节船行得慢，风浪又大，杏翠和两个女儿呕吐不止，趴倒在床。只有宣佩还能应付，时不时地到甲板上走走，听大人们闲聊香港的故事。回到船舱，见母亲和姐妹晕船不能动弹，也不想吃东西，宣佩便去买了些清爽的饭菜分给她们，自己把临行前亲戚送的一筐芒果全包了。

就这样在海上漂了整整三天三夜，轮船终于到达香港。

杏翠一家先暂住在阿姑家，不久立槐借到一处住房，这是靠海边四层楼房的顶楼，朝西朝北的一间半，房间外是一长条宽阔的阳台，可以望见进出港口的船只。这样每过十来天，算准了时间，宣琴领着宣佩和宣英站在阳台上远远看到父亲的船缓缓驶入锚地停靠。每次立槐都会带回两只鸡、两条活鱼。鱼有十多斤一条，放在浴缸里养着。

到香港不久，宣琴和宣佩被送进圣约翰小学读书。这是一所教会小学，按着家里的意思，先让孩子学会广东话。宣佩很快适应了。宣佩喜欢上学，却又贪玩，成绩很差。隔了半年，又转学到二里多路外的林森中小学读二年级，学习稍有长进，虽然不能名列前茅，每学期总算是能及格了。

来到香港之前，宣佩就听说这里是英国人的地方，可是到了香港，却看见大街上多半还是跟自己一样的中国人。母亲杏翠告诉他，这里和上海的租界一样，中国的土地被外国人给占据了。20世纪30年代的香港，时尚程度远远比不得上海。与忙碌的黄浦江、巍峨的外滩大楼相比，维多利亚港湾要冷清不少，然而岸边的西洋小楼精致漂亮。跟热闹的南京路相比，香港的店铺和街道已显陈旧，但是画栋雕梁与西式装潢的铺面交相辉映，秩序和整洁似乎有过之而无不及。马路上，坦胸露肩的奇装异服和长衫马褂旗袍坎肩土洋混杂，吻手为礼与抱拳作揖相映成趣，这里还保留着很多的岭南传统风俗。不同于五方杂处、各地方言不绝于耳的上海，在香港广东话和英语是交流的主要语言。杏翠既不懂广东话，又不识字，行动很不方便，除了到附近街上买菜、买零用杂物，稍远就不敢出去了。只在每隔十天一个船期，父亲立槐回来带全家去吃一顿西餐，或是看一场电影。那时宣佩虽只有八九岁，但广东话学得快，于是成了母亲的向导，担当小翻译，连姐姐要看电影也是他陪着去的。

立槐一人做了两条大轮船的轮机长（也叫"老轨"）。这一时期生活富裕，吃穿齐全，尽管远离家园、告别亲朋，思乡之情难免，可对这个小家庭来说，却是最幸福安稳的两年。

童年失怙

然而父亲立槐的病不见好转，令一家人忧心忡忡。

原来立槐从小体弱多病，此前还患上过肺结核，曾经到深山庙宇里休养。杏翠曾劝他辞职疗养，立槐回道，辞职以后一批他带来的亲戚朋友都要失业，那可如何是好？再说还有一个大家庭也要靠他生活呢。后来有朋友推荐立槐到一家法国的轮船公司去当轮机长。这是一艘航行外海的海轮，一次船到大连时，遇上大风暴，触礁下沉，船尾已没入海水，船头搁在礁上，水淹至最高一层甲板，船员都挤在驾驶室内，半身没在水中。北方冬天的海水一浪来一层冰，不断有人冻死，大家只能胸背紧靠着取暖。有水性好的，说这样不是个办法，好在离岸不远，便跳入海中游泳去求救。然而风浪太大，岸边又是礁石，只见他快要游到岸边时，一进一退的大浪把他推向大石块上碰撞，几下过后，就沉入了海底。其余船员在驾驶舱熬到天明，才见有人来救。被救上岸后，实在是又冷又饿，救护人员烧来一锅粥，立槐一口气喝掉一碗，这一下子骤冷骤热，从此患上了难医的肠胃病。轮船遇难后，立槐回家休养，至此身体更弱。然而过后不久，法国轮船老板又来电催请，因为他已得保险赔款，买了更大的海船。立槐是他最信任的轮机长，而且会说外语，除了生活用语外，还能记航海日志。这次沉船向保险公司索赔，便是他上法庭用外语对话的。这次新船来了，老板自然坚请他去就职。杏翠肯定是不放行的，但考虑到全家生活，包括几家亲戚的生活接济，立槐只得再次上船。轮船安装了新式的轮机，老板曾经请了多位有经验的"老轨"，都无法发动。第一次试航前，立槐依靠外语能力，花了整整十天十夜研读资料、摸索方法，终于成功。但自此以后，他的健康状况愈发雪上加霜，人也大为消瘦。

立槐一面工作，一面就医，直到35岁那年，实在是难以支持。先是老板出钱，住香港山顶大医院头等病房医疗。那是一座四周有草坪、网球场、花园的洋房，立槐住在楼上一大间朝向西南的病房，阳光满室，一人一间，客人来了就送茶点。从住处到医院要乘公共汽车七八站到尖沙咀下车，换乘"二头爬"（可以两头靠岸的轮渡）到对岸中环，随后步行一段路乘爬山车到山顶，再走一小段路才到医院。宣佩能够记清领路，每天陪着母亲杏翠过海去看望。住了十来天，看着治不好，医生告诉法国老板说，这病维持不了多久。月余后见仍无起色，于是决定离开疗养院返回上海。这年是1940年，宣佩10岁，小弟宣伦刚满周岁。

当时的上海除了租界孤岛外，都被日军占领。立槐一家搬进了租界，一开始住进朋友开的大江南饭店，以后在戈登路大裕里（今江宁路海防路）租了一间前厢房。自从回到上海，立槐就卧病在床，再未起来，病从肺结核转到肠结核，再加上过去沉船时受的伤，纵然聘请名医隔天上门诊治，仍然不见好转，就这样延至冬天。某个深夜，立槐头脑异常清醒，对陪在病床前的家人说，病体恐怕很难捱过子时。可铭安慰立槐说，没事的，过了子时便是好了。谁想立槐一语成谶，子时不到，便溘然长逝了。

父亲立槐一生为人孝悌、待人慷慨、全心为家，每月工资除零用外，全部寄回家中，还资助姐夫、大舅开厂。只可惜身逢国家多事之秋，又因工作辛劳繁重，终至天不假年，留下妻子儿女，匆匆而去。

模范学生

父亲走的那年，宣佩只有10来岁，还不解生离死别之痛，只知道父亲的去世对家里影响很大，大家悲伤，他也跟着哭泣。大约因为家里没了顶梁柱，宣佩变得懂事了，在上海生活小学读书时功课很有长进，三个学期成绩都在全班前十名。

没过多久，太平洋战争爆发，日军占领租界，市面混乱、物价飞涨，学校临时停课。自从父亲立槐去世以后，宣佩一家的经济很快陷入困境。家里本就积蓄不多，到此时更是举步维艰，十元钱很快只值两三块了。母亲杏翠依然坚持要让儿女读书，高昂的学费成了最后一根稻草，仅一年，生活便难以为继。眼见在上海无法立足，母亲只好带着儿女乘船回到家乡，回到祖父家里。

那时祖父可铭年事已高，早已不再种田，归叔母赡养，每天只有清汤淡饭，无钱买菜。杏翠失去丈夫，全家没有了收入，还要抚养两儿两女。全家生活靠着典卖度日，先是到宁波典卖了杏翠仅有的一枚金戒和一副耳环，算下来只有数钱金子；接着把立槐留下来的较新的西装和大衣，也托人带到上海交给小舅卖掉。家里没有劳动力，杏翠咬咬牙，留下二亩宗祀田和几分自己种来吃的菜田，把其余的菜田都卖了，换了六百斤的稻谷。那一日，见到一筐筐的稻谷挑进门,宣佩激动地向母亲说道,现在我们再不会饿死了！杏翠听了，只会流泪，弄得小宣佩不知所措。

家里人多，需要的口粮也多，六百斤的稻谷不够吃多少时日，杏翠只好找媒人让姐姐宣琴提早出嫁，那年宣琴还只有17岁。有一回，宣佩的姐夫来走亲，家里米缸已见底，杏翠让宣佩招呼着姐夫，趁不注意转出后门向人家借米下锅。按照当时的规矩，借一斗米，过半年就要还二斗，吃这种高利贷的米，真是令人心惊胆颤。那天中午，宣佩捧着白米饭吃得津津有味，一粒米都没剩下。

姐姐宣琴在香港和上海时已经读完初小，不再读书了，妹妹宣英后来也只读到初小。经济困难的情况下，家里只能保证宣佩一人读书。当时在乡下，有从上海来的学生，是很受人重视的。回到石桥小学读书，一进学校，宣佩就被学生会推荐为生活股长。在上海宣佩读到了三年级，到石桥就跳到四年级下，学期结束，还考了个中间偏上的成绩。石桥没有高小班，从石桥小学四年级初小毕业后，宣佩转到徐东埭小学读五年级，早出晚归，中午在外婆家吃饭。一进学校，宣佩当上了学生会主席，学习也开了窍，考试成绩每次都是第一。

这一时期，还经历了一次不大不小的风波。

原来在徐东埭小学的庭园里有两棵大枇杷树，每年都硕果累累，学生种植很努力，经常担粪施肥，校长也鼓励大家，等枇杷成熟了分着吃。谁知等枇杷真的成熟，隔了一个星期天，学生来上学时，却见树上成熟的枇杷已经被摘光，只剩下树顶所剩无几的青枇杷。大家互相询问究竟怎么回事。当时有一位徐东埭同村的老师来向学生们说，是校长摘去送人了，现在在校长卧室被子下面，还有一大盒呢！学生们闻之哗然，都愤愤不平要讨个说法。

宣佩在上海住过，见识过学生运动，于是领导了一次反对校长和代课班主任的罢课。他带着同学们把校长藏的枇杷翻出来，闹到校董事会去评理。小班级的学生大多怕事，躲回家里告诉学校罢课了。大班级的学生不知校董是谁，住在哪里，因为不是有准备有计划的行动，只是在村里到处哄闹了一阵，结果当然是不了了之。反而事后校长提出，说要开除宣佩的学籍。这一下宣佩的外婆出面说话了，指责他们说，这是学校老师有问题，处理不当，怎么要拿维护正义的学生出气？校方本来理亏，只有把宣佩记一大过了事。其实虽然记一过，宣佩还是继续担任学生会主席，考试成绩还是第一，年终考评品行仍是优秀，是当之无愧的好学生。

读完五年级，徐东埭小学没有六年级，接着宣佩就考入甲村甲南小学读六年级。进了甲南小学，又当选股长，参加校方组织的学生团。宣佩经常去各区中心小学参加学生会的交流活动，比起徐东埭来说，这里要安稳多了，学习成绩也一直保持在前十名。甲村距离石桥五里，甲南小学在村的西头，距离宣佩家约六里路。在这一年里，宣佩每天早起，提着饭盒上学，中午在校蒸饭，下午下课，再拎着空饭盒回家。一年四季，无论刮风下雨、烈日当头还是雪花纷飞，总是如一。有一天在校上课时，宣佩自觉头脑胀热，以为发了高烧，于是请病假回家，谁知走了三分之一的归程，在上李家村与徐东埭中间的农田石板路上,头脑发沉,一下就迷迷糊糊躺在路上,昏了过去。也不知过了多少时间,幸而有一位乡民牵牛过来,把宣佩叫醒,见他病了,便问住在哪里,他这才被送到了外婆家。后来稍微清醒,才又请那位乡亲划船送回石桥。事后弄清缘故,原来是得了疟疾,经过医治休养,宣佩恢复了健康。

走出故乡

小学毕业以后,家里已经无力供养宣佩继续升初中读书,一时也不知找哪门工作好,只有闲居在家。家里没有经济来源,为了减轻负担,吃的菜是利用屋后宅基田种的,油米只好去买,剩下只有上山去砍柴,解决烧火的问题了。上山砍柴是跟着几位长年砍柴的堂房叔伯一起的,砍柴的人多,近山的树很快就砍完了,年轻的小伙们又结伴进深山。那是盛夏季节,天未明起床,摸黑走上山路,砍柴时太阳已经上山,柴草沾满露水,晶莹透亮。宣佩一面砍,一面把砍下的柴铺晒在地上。大约十点左右,砍满两大捆,就捆扎了挑回家。砍柴是很腰酸的,两大捆柴草也有近白斤,还要走上三四里路,肩上痛得红肿。一路走走歇歇,快到村头时,远远望见母亲杏翠正踮脚张望。杏翠虽是小脚,每天总到村头来接宣佩。回到家里一身臭汗,宣佩来不及擦把脸,忙把柴捆铺张开来晒好。杏翠张罗着盛热水给他洗澡,准备了午饭,她还怕宣佩累倒,特意准备了一瓶枣子酒。一担担的柴草背进门,看着母亲温暖的笑容,宣佩心里踏实,也欢喜了许多。

每天下午就是自由天地了。宣佩喜欢钓鱼虾。有时拿了鱼杆水桶沿岸钓虾,运气好时,钓回数十只,放在碗里撒上酒盐,在饭锅里随着煮饭蒸熟,鲜香可口;钓到鱼,够半斤的,就煮来吃,如只有寥寥数条,就送人喂猫。有时也跟人家下象棋,宣佩的棋艺便是那时打下的基础。

这样的生活过了四个月,宣佩的小舅父回乡探亲,说要带宣佩去上海找寻工作。杏翠怕儿子吃苦,不让到工厂当学徒,要小舅父设法,最好安排跟着人家学当会计。小宣佩知道在上海谋生不易,但是为了能早日自立、回报母恩,执意要去。杏翠想来世事难料,反正只能先去了上海再说吧。

这是一个令人伤心的日子,宣佩从小没离开过母亲,这下要远离了,心里比什么都难受,眼泪直往下流。母亲携着弟弟、妹妹送到河埠头,也是哽咽抹泪,再三叮嘱当心冷热。祖父可铭是最疼爱宣佩的,拖着病喘的身体,屈背拄着拐杖,含着泪送别。他牵着宣佩的手说道,这次离开了,不知还能不能再见。一闻此言,宣佩不禁红了双眼。谁想往后在外求学谋生,确实未能再见祖父一面,此别竟成最后的告别,成为宣佩生平的一大遗憾。

就这样,宣佩跟着小舅和舅母,带着年仅一岁的表弟离开石桥,来到了日伪统治下的上海谋生活。

考试第一的拉门小郎

1944年11月,宣佩又一次来到上海,不过这回没有了母亲的陪伴。

杏翠把家里最好的东西都给了宣佩,一件是父亲留下的还算较新的羊毛衫,一块镀金手表,另外又塞了些钱给他备用。到了上海,小舅把这些钱物都交给了宣佩,宣佩不舍得用这些寄托着思念的物品,不过为了不让母亲担心,他便一直珍藏着,后来当学徒有了工作和收入后,才寄还给母亲。

小舅是在一家饭店里当会计,只是一般的职员,宣佩只有小学学历,自然无法获得推荐学会计,但是在小舅家长久寄居也不是个办法。差不多到年底,上海开了一家"新仙林舞厅",需要"拉门小郎",小舅托了关系给宣佩谋了个岗位。所谓的拉门小郎,也就是有客人来时替人拉门,还代人管理寄放的自行车。这项工作虽然不累,但地位低下,又要熬夜。开始时舞厅通宵营业,从晚上八时经营到次日凌晨四时。宣佩站在大门旁冷得直哆嗦,不过十几天的工夫,一双脚都生满冻疮,竟至溃烂了。不久战事紧张,当局不许通宵营业,到十二点必须结束,这样一来才稍为轻松些。可是舞厅生意也立刻清淡起来,刚到来年开春就歇业关门了，宣佩又只好回到小舅家里闲住。

到了次年2月左右，小舅的朋友开了家"南京酒家"，小舅又荐宣佩到那里当学徒，送送酒菜，帮会计解送钱款去银行。这又是一个不需专长、纯属混饭吃的差使。一天宣佩听舅母说起，家里小妹宣英上山砍柴，不慎被弹飞的木刺伤到眼睛，泪流满面，睁不开眼，还是挣扎着把柴挑回，弄得大家都很伤心。所以宣佩一直省吃俭用，既不吃点心零食，更不看电影演出，稍攒下些钱就交小舅。小舅是外婆家的顶梁柱，与宣佩、杏翠最亲，他也贴补些钱物，一起寄给杏翠过日子。

隔了段时间，宣佩又借住到大舅母家。大舅母待宣佩是最好的，留他住在家里，虽然是只有四个平方米大小、抬不起头的三层阁后间里，大舅母自己睡地铺，空出床来让宣佩睡。到了夏天，三层阁里闷得像蒸笼，根本没法入睡，宣佩只好拿一块铺板、两只凳子，到晒台上去睡。在家里，大舅母还一再鼓励他要争气，好好读书，将来做大事业。就这样，在艰难的岁月里，宣佩依然保持着乐观向上、不坠其志的积极人生态度。

1945年秋，电台里传来抗战胜利消息，上海全市欢腾，日本侵略军垂头丧气，中国人终于挺起了腰背。大家期盼着能过上和平幸福的日子。

没过多久，叔父从大后方到了上海，见宣佩这样生活不是个办法，为了帮助宣佩可以挑起家庭重担，决定让他继续念书。宣佩这才离开南京酒家，由小舅设法托人送进北京路江宁路的乐群中学当寄宿生，跳一级就读初中一年级下，叔父供给学费、住宿费、伙食费，每月还给一些零用钱。

1946年，学生时期的黄宣佩

叔父家里本就子女很多，这也是下了很大的决心。宣佩的姐姐经常惦念着娘家的艰苦生活，每次回娘家时总把身边仅有的寥寥无几的零用钱全给了母亲。听说宣佩进初中读书，她时常关心宣佩花销够不够用。住在乡下的杏翠也毅然打破顾虑，出门做裁缝，每天有数升米收入，家中生活虽然艰难，但总算可以不再担心饿肚子了。

尽管跳级读书，其功课已荒废了一年多，这学期期终考试宣佩仍考了第三名，获得学校三瓶红黑墨水的奖励。在乐群读初二时，宣佩当了班级的级长，办墙报、打乒乓球，是校乒乓队一员。宣佩学习成绩好，初二两个学期都考了第一，有许多男女同学围着宣佩，求他考试时帮帮他们的忙。宣佩则始终遵照父亲的教诲，不做任何违规乱纪的事，坚决不帮人考试作弊。

苦学航海的海员之子

宣佩初二下结业以后，时局骤变、物价飞涨。在招商局轮船当轮机长的叔父也感到负担沉重，只能安排宣佩去跳级读江苏水产职业学校（现上海海洋大学前身）的中专。这是培养渔轮上当船长的学校，一旦学会了航海驾驶，就有机会推荐到大轮船上去。宣佩没有读过初三，一下子要跳到高中程度的专科读书，感到压力很大。但是他想到家里的母亲和弟妹还在受苦，独立心切，希望能像父亲一样成为一名优秀的轮机长，赚钱养家，于是决定照着叔父的安排去做。

叔父自己就是轮机长，在圈内有点门路，这一次又是托人又是送礼，才让宣佩破格参加了入学考试。结果考试的成绩50分，代数得了满分100分，三角和几何却是吃了零分。不得已叔父带着宣佩，拿了在乐群的成绩单去给关系人看，保证入学后一定能够学好，这才在公布录取名单时被列为备取生，有了进校读书的机会。

江苏水产职业学校就在崇明岛南门港城门东侧的崇明学宫里。开学那天，有位阿毛叔陪着宣佩坐船到崇明报到。到达南门港后,在码头边的小饭店里吃了一份肉丝蛋炒饭,然后背着行李步行二里多的路来到学校。因为是报到的第一天,他们来得又早,学校里只有寥寥数人。办完手续后阿毛叔就回去了,17岁的宣佩开始了真正的独立生活。

那时的崇明还未划归上海市,属江苏省所辖,尚未开发,生活条件很差。学校的宿舍就在古庙的一间阁楼上,空空旷旷的一间,没有电灯。夜晚的宿舍里一片漆黑,安静得可怕,屋外凄厉的风声,夹着拍击海岸的浪涛声,如同充斥天地的巨大躁动,听来分外叫人心惊。宣佩孤身一人,满眼生疏,举

1947年,到设于崇明孔庙的水产学校读书,摄于庙外的球场(前排右二)

目无亲,好不容易熬了一夜,第二天就待不住了,他立即乘船回到上海。到了叔父家,被问起为何回来,他又不好意思说出内心不安的理由,只好支吾一阵,隔天再乘船返校。这回总算同学们都到了,有了新朋友,缓解了孤寂感,他才把心安定下来。

在水产学校第一学期,真正是刻苦奋斗的半年,既要学习航海驾驶,又要掌握天文测量法,课程还有立体几何、球面三角等。宣佩没有学过平面几何与三角函数,对此一窍不通,老师上课完全听不懂。这可怎么办呢?只能出钱请老师下课后补习,请同学帮助指导做练习。航海的课程有些是英文教材,宣佩没有读过初三,比其他同学少读一年书,所以听英文课尤其感到吃力。就这样白天上课,晚上补习,在别人课外活动放松的时候加紧做练习。好在以前培养的好习惯还在,宣佩向来是专心上课,把课本内容彻底搞懂,放学回来认真完成作业,从不漏过一处疑问。依靠着很强的理解力与不错的记忆力,他逐渐跟上了进度。学校第一次测验时,他只是勉强及格,以后日益好转,课程听得懂了,作业能够做了,到第一学期的期中考试,居然考到个中等。大考前,只要每天早起两个小时,就能复习好内容,从不开夜车,白天偶尔还能打乒乓球锻炼锻炼身体。这样的成绩,对于跳了一级的宣佩来说实属不易。这一学期的紧张学习,真把宣佩给学怕了,却也激发了身上的潜能,为他将来不断探索新领域、迎接新挑战打下了坚实基础。

在读第二学年时,宣佩就跟着叔父的轮船实习了一个航次。那年暑假,叔父的船行驶在上海和天津之间,虽然是非正式的上船实习,但也按着规定跟着大副上驾驶舱当班。每天两次,清早四点到八点,还有从下午四点到晚上八点。凌晨三点多,就有服务员来叫醒起床,喝一杯牛奶咖啡,吃两块涂了黄油的土司面包,立刻到驾驶舱上班。驾驶台不让开灯,因为若是船舱有了光亮,望向海面一片漆黑,就什么都看不清了。在这里要学习如何观察星星、观察海面,计算航行的船位和航线。

从上海去天津三天的航程,好在风平浪静,只有一个上午遇见大雾,轮船放下铁锚,停泊在浩瀚的大海中。船员不间断地敲钟,告示周围的行船注意。

宣佩跑到甲板上，眺望迷雾中幻境般的那片蔚蓝，见时不时有鱼跳出海面，正陶醉神游时，突然面前的海水惊起波澜，定睛一看竟是条三米多长的大鲨鱼绕船游过。

到了天津，叔父给了宣佩些零用钱，让他和同行旅游的堂弟上岸游玩。隔了几天再乘船回上海，这才真正尝到了做海员的滋味。第一天没有一丝风，大热天晒得人受不了，船长请大家吃冰镇西瓜。没想到第二天开始刮起大风，浪头翻滚三米多高，轮到宣佩值班时，按着惯例站在最高一层驾驶台上眺望前方，只见一个接着一个的大浪头迎船而来，把船头高高举起，再猛地抛下。失重晕眩的感觉让胃无法承受，一口就吐了出来。一次次呕吐把隔夜吃的西瓜都吐得干干净净，还不能抑止，竟至吐出血来。宣佩原本还想和老船员一起坚持四个小时，但熬到两个小时后实在撑不住了，终于在大副的劝告下离岗回到下面一层叔父的房间休息。后来听叔父说，遇到大风大浪，有些老船员已经能习惯了，但有些老船员也是长期不能适应的。

这次实习让宣佩对航海有了切身的体验，回到上海继续求学，也能将理论知识与实践经验结合起来了。1948年底，在崇明岛已经频频传来解放军南下的消息，校内举办文娱晚会时，居然有人唱解放区的歌曲。到了1949年初第四个学期开学，水产学校搬到闵行，校舍是一家大财主的庄园。由于物价飞涨，经济混乱，几乎退到了以物易物的境地，学生要带了米去付膳食费。实际上这一学期只上了三个月左右课，此后就听到解放军进攻上海的炮声。学生拿了棍棒护校，防止盗匪抢劫，再往后炮声临近，太不安全，学校也就解散了。

学生喜爱的乡村教师

宣佩搭车回上海市，这时路上已有哨兵盘查。回上海后，他觉得在这里无所事事也不是办法，于是暂且返回宁波生活。过不了多少天，那日宣佩从外婆家回石桥,只见一队解放军队伍整整齐齐地从石桥走向徐东埭,母亲杏翠从这支队伍的后边赶来接宣佩。原来母亲想到解放军北方人多,宣佩又能讲国语,生怕他被拉去当向导。等宣佩回到家中,屋前屋后已住满解放军,他们借用各家的门板,一扇扇取下当作睡觉的铺板。这一晚,家家户户都是

1949—1950年在石桥小学任教(左一)

门洞大开，这在过去每天防盗防偷的年代是从未有过的事，宣佩感到很不习惯。然而没过多久他就发现，这支部队确实纪律严明，不拿住家的一针一线，隔天部队离开时，把借用之物全部复原，还有干部一家家地来查询，问有没有短少了东西。从这时起，共产党和解放军就给宣佩留下了深刻的好印象。

华东解放了，全国也很快解放。可是海上交通工具都被拖到台湾，水产学校第三年的实习已成泡影，宣佩只得在乡下找了一个教书的职业。很快树桥头的姑丈说他们需要教员，介绍宣佩去。学校设在近村的庙中，离村约一里多路，四周都是农田，只有一个管香火的。所谓的学校，也只有一间教室、一间小办公室，在这个教室里竟然办了一、二、三这三个年级，上课时，一个班级上新课，一个班级做练习，另一个班级画图或做其他。全校就一名教师，既是校长，也是员工，自己摇铃上课，自己下课放学，这名"全能教师"就是黄宣佩了。树桥头离石桥约五里路，每天清早去，晚上归，中午到姑丈家去吃午饭。这样教书，对宣佩来说很不习惯。只教了一个星期，恰好石桥小学换了校长，教师重新搭班，新任校长是本村的黄可忍，正名退思，从名字看就知道是位好好先生。宣佩去找他商量，他一口答应，只是说教师名额只剩一个，尚有同村的一位也是读了高中回乡的学生要来校教课，能否两人领一份薪水。宣佩本来就是打算将教书作为过渡，想着拿半份薪水就半份吧，于是在石桥小学担任教员。第一学期任三年级班主任、五年级算术和体育老师，第二学期任五年级班主任和六年级算术老师。石桥小学是在上海做老板的本村人资助的，第一学期就算拿半份工资，也还有250斤稻谷。

从1949年10月至1950年2月，国民党空军凭借舟山群岛等地的机场对上海进行了20余次空袭，其中1950年1月7日至2月6日，连续4次集中对上海的电力生产单位和城市重要设施进行了重点攻击，上海市区工厂几乎全部停工停产，大多数街区电力供应中断，高层建筑电梯断电悬空，许多商店关门停业，大上海"十里洋场"陷入一片黑暗，史称"二六轰炸"。空袭共造成了一千多人伤亡，一千多间房屋损坏，城市经济萧条，学校的资助人也因此陷入困境，无力资助。到了第二学期，石桥小学只能供给教师吃饭，发不出工资了。

1950年7月,与石桥小学第二届毕业学生合影(二排左二)

在石桥小学教书的一年,是宣佩第一次进社会正式工作。当时校中有六个班级九位教师,其中五人是本村的,四人从外村请来,六男三女,大家相处融洽愉快。上课时分别到教室,下课了在办公室说说笑笑,晚上一人一盏煤油灯,在灯下批改学生的作业。课余时,还去临近的横溪等地郊游。在校教书,学生都对宣佩很尊重,大概是因为宣佩的乒乓球打得很好,也会打篮球,会做各种游戏,还能给他们讲天方夜谭的故事。所以,虽然生活清苦,却也自由愉快。

然而宣佩毕竟不甘心专业知识荒废,希望能找到自己真正的用武之地。1950年的下半年,时刻关注着时局发展的他离开石桥小学,再次前往上海。

艰辛谋生的工厂学徒

来到上海后，宣佩住在叔父家，一住就是几个月。他四处找工作，托姐夫、小舅舅他们帮忙。但因为解放初期航运业几乎一穷二白，没有航船方面的职位空缺。

宣佩不愿再当学徒，可是他虽有中专程度的学历，但除去航海，并无其他特长，确实不易找到工作。既然找不到工作，又没有事可做，于是他报名去读英语夜校。他的学习成绩虽然未能像父亲那样达到熟练的口语和写作的水平，但也能阅读英文报了。这段时间住在乡下的母亲和上海的叔父会时不时寄一笔生活费来，有时姐姐也会寄来一些。

到了1950年11月，叔父与人合资在南市斜桥附近的陆家浜路上开了一家"纬中机器厂"，生产机器上用的螺丝帽。陆家浜和肇嘉浜原是东西向的河流，周围都是农家和连片的农田，20世纪初河道填没后，在斜桥周边逐渐搭起了一片棚户区。叔父他们的厂房，就借了这么几间简陋房子，接了个大火表，按民用付费，连那两部车床也都是借的。厂里请来三名打铁师傅，又找了两个学徒。叔父让宣佩去当会计，薪水一个月15元，好在饭是吃厂里的，而且能跟姐夫学习如何当会计、计算各种成本开支。

这是一段令人心生迷茫的日子。宣佩对自己的前途毫无头绪，常常感到压抑。那年厂里吃年夜饭，宣佩喝了点酒，半醉半醒间独自来到厂房后面，找了个没有人的地方大哭了一场，想到这些年来吃过的苦，想起心底的思念，不禁呼唤起父亲：您过世得太早了啊！

就是这样一个小厂，没有一名推销员，仅开张了三个月就发不出工资。眼见着维持数月之后仍不见起色，只好关厂歇业。宣佩又回到了叔父家，过着寄人篱下的生活，内心虽然很不好受，也没有办法。

到了1951年的夏天，水产学校发来通知，说是让宣佩回学校参加毕业考试。这次考试的考场设在新成立的华东师范大学校内，黄宣佩除了英文外，一般考得都还不错，顺利通过考试。几个月后，江苏省立水产职业学校颁发了渔捞科的毕业证书。在前路迷茫的日子里，这来之不易的文凭，多少给他带来了慰藉。

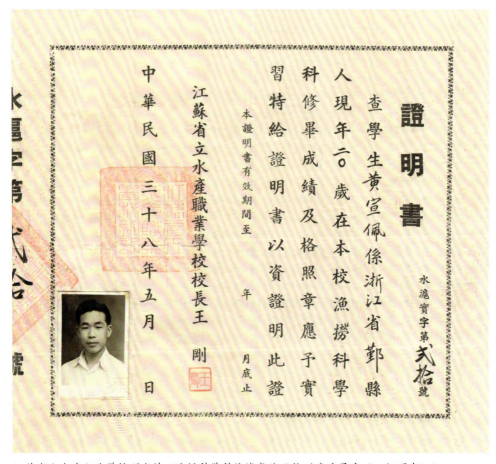

江苏省立水产职业学校颁发的"渔捞科学科修毕成绩及格照章应予实习'证明书'"

1951年8月，宣佩叔父的师兄弟，也是父亲在鸿昌祥船厂的师兄弟，组织了一个班子，承包山西省运城面粉厂的蒸汽动力机安装工程，于是宣佩和堂弟以杂务工的名义跟着一起去了。这台安装的机器还是晚清光绪年间进口的，抗日战争时为了防止落入日军手里，就拆散了埋进土里。如今挖出来重新安装使用，需要清洗去锈，配备缺损的零件。厂里发给宣佩的工资，开始时每个月30元，后来加到60元，对初进社会的宣佩来说，收入比以前翻了好几倍，虽然只是个临时工，心情却愉快多了。当初在纬中机器厂工作时，宣佩每月给母亲寄10元钱，自己仅用5元，这时为作长久之计，每月给母亲寄30元，自己留下另一半。他考虑即使今后失业了，还是继续可以给母亲寄钱。母亲在乡下外出做裁缝，很受乡邻欢迎，也有了一定收入，加上宣佩寄去的钱，也略感宽裕了些。

宣佩以为会在工厂里工作一段时间，没想到只三个月工作就结束了。虽然工厂多发了一月工资，但转眼宣佩又失业了，只能返回上海。这一次，他自己也万万不会料想到，从此人生开始走上了另一条新的道路，命运的转折即将到来。

二

上海考古开创者

手铲
轻轻削刮
汗水
静静落下
历史记忆的层层叠叠
在脚下苏醒
破土生花
予你一方天地
展我千年中华

二 上海考古开创者

因缘际会进上博

筚路蓝缕学考古

无悔选择乐奉献

柏油路上干考古

科学发掘马桥始

寻古求真崧泽现

苦中作乐考古人

坚守职责护文物

言传身教带队伍

开启宝库福泉山

崧泽遗址工作照

因缘际会进上博

1951年底,黄宣佩从山西运城回到上海,仍住在叔父家。他四处寻找工作,在区政府作为失业知识分子登记备案,在工会也登记了失业会计的求职意向。

转眼过了新年。1952年5月的一天,黄宣佩突然接到区政府的通知,上海市文物管理委员会要招考一批青年知识分子。黄宣佩从来没有接触过文物,原本学的航海专业知识也似乎与文物、博物馆"浑身不搭界"。他只知道这次考试的内容是中国历史,好在他自幼喜欢看历史小说,记忆力又强,把堂弟妹的中学历史教科书都借了来,连着复习了三天,把历史上的大事要点都记住了。考试下来感觉不错,又顺利通过了口试,没过几天便接到通知,可以去报到了。

这时的上海市文物管理委员会和上海博物馆位于南京西路325号。这是一座东侧建有看台、北首有钟楼的古典主义风格兼具折中主义特征的建筑,解放前是跑马总会大楼,是洋人、官僚、富豪看赛马豪赌享乐的场所。解放后,人民政府化腐朽为神奇,将此处改造为属于人民群众的文化场所。当时博物馆的东面和南面是一片空旷的跑马场,西面过黄陂路是马厩和外国坟山(墓地),过南京西路在黄陂路的转角处还矗立着一对高大的明代石翁仲,常有人来焚香。跑马场的北面,原来还有一条小水沟,沟北就是南京西路,是一片繁华街区,有著名的金门大酒店、大光明电影院和国际饭店等。博物馆的环境正是闹中取静。

陈毅市长为上海博物馆、上海图书馆选定的场地——"跑马厅"旧照

将这里作为上海博物馆和上海文管委的所在地，是陈毅市长亲自选定的。陈毅关心文物保护，他本人就爱好文物，在抗日战争和解放战争中，他随军往往有辆车，把挖战壕挖到的文物都收集起来。上海解放、新中国成立之初，他就要求成立文物保管机构，并把他在军旅生涯中保护下来的两大车文物交给文物管理委员会。有时候，陈毅还会暂时放下手头繁忙的公务，来察看文物保护情况、鉴赏文物。陈毅总是问，你们有什么困难吗？他知道之前上海尚未开展考古发掘，需要征集文物充实博物馆的藏品体系。在市内百废待兴、财政十分困难的时期，他还把大笔经费拨给博物馆用于征集藏品，还说不要压低人家价钱，同时一定要按政策收购。当时上海是最有能力和财力收购文物的城市，北京、天津、苏州等地的文物商纷纷送文物来上海，这让上海博物馆抢先购得一批珍贵的藏品。上海博物馆开馆是白手起家，连展柜也没有，他又及时拨给博物馆开办经费，置备大批陈列用具，解决了设备的问题。博物馆上上下下都知道，是陈毅市长造就了上海博物馆，出于敬仰之情，博物馆开馆时特请陈毅市长题写了馆名。

报到的日子是5月16日，一批青年失业知识分子从此开始参加上海市文物管理委员会的工作。黄宣佩第一次走进这座大厦，油然而生一种翻身感和自豪感。自从离开水产学校以后，黄宣佩长期托人求职，花了几年心血但总无结果，这次依靠自己的能力总算找到工作，共产党的执政能力和廉政风气给他留下深刻印象，让他深为叹服。试用期是六个月，每月工资34元，包括伙食费在内。虽然工资不高，但贵在稳定，而且六个月后还可以加薪。

试用期内，前十天是政治学习，学习为人民服务，学习期间再三强调要服从分配，否则可以退出，最后要各人写自传，实际上是做历史审查和工作考察。十天后分配工作，成绩最好的、工作最稳妥的青年，被分到了博物馆筹备处，因为这里是保管国家文物的关键重地，其他人则分配到图书馆筹备处和革命历史博物馆筹备处。黄宣佩被分配到了博物馆筹备处。开馆前后，馆里着手培养业务干部，青年们先被派到群众工作部做讲解员，同时接受业务培训，并成立了一个骨干小组。博物馆和文物考古工作需要非常广博的知识面，青铜、陶瓷、书画等都要学，从新石器时代到唐、宋、元、明、清的历史知识也要懂一些，否则看到文物不认识，怎么能进行工作呢？新招募的青年们先学习了三个月的文物和考古知识，每月还要上专题大课，杨宽馆长亲自讲授中国青铜器，著名画家、鉴定家谢稚柳先生讲授中国绘画史，拥有丰富陶瓷鉴定经验的马泽溥先生则讲解中国明清瓷器。进博物馆之初的这些学习和工作，为黄宣佩之后的文物征集和考古工作打下了很好的基础。

由于新中国成立和新馆建设的影响，社会上许多著名的收藏家纷纷捐赠或出售珍贵文物给上海博物馆，为上博今后的发展奠定了坚实基础。尤其是潘达于女士认为"有全国影响的重要文物只有置之博物馆才能充分发挥其价值"，毅然捐赠国宝西周大克鼎、大盂鼎和其他珍贵文物200余件，当时的文化部部长沈雁冰为此签发褒奖状。此外上海博物馆还征集到唐代孙位的《高逸图》、宋徽宗赵佶的《柳鸦芦雁图》，还有被董其昌推崇为"天下第一王叔明"的元代王蒙的《青卞隐居图》，以及宋、元、明、清的官窑瓷器等一大批重要藏品。除此之外，还有新中国成立前后被海关扣下的走私文物，包括险被走私出口的山西浑源出土的春秋时期青铜牺尊等。

这年年初，全馆人员只有30多人，到年中一批青年进馆后，增加到80人。当时上海博物馆既缺乏业务骨干，又缺乏陈列设备，在这样条件下，杨宽馆长挑起了建馆重担。上海博物馆是由上海市文物管理委员会的古物整理处负责筹备，文管会的主任秘书和古物整理处处长正是杨宽，他同时也是上海博物馆的第一任副馆长（当时未设馆长）。杨宽馆长曾担任过原上海市立博物馆的馆长，有办馆经验，也很有魄力，并且就读光华大学时就有"神童"之誉。上海博物馆是在1950年4月开始筹建的。1952年1月，市政府要求在年底建成开放。当时博物馆选址的跑马总会大楼内，底层和一层筹建上海图书馆，二、三层作为上海博物馆的陈列室，十套客房要改造成十大陈列室。杨馆长仅仅用了一个星期，就编写了一本上博的陈列说明，布置了十大陈列室（包括史前殷商、西周春秋、战国、秦汉、南北朝、隋、唐、宋元、明、清近代），展出中国的历代艺术珍品，既反映了朝代的变迁，可供历史教育参考，又可作艺术欣赏，陈列方案受到文化部的赞赏。杨宽先生为博物馆打好了基础，不仅在开馆工作上，还包括在培养干部上，采取师傅带徒弟的方法，安排新进青年职工进行书画鉴赏、青铜器等专业学习，黄宣佩则被送去参加考古训练班。到了10月，博物馆又招进了一批青年知识分子，同样组织他们学习，这时宣佩成了组织他们学习的小组长。不久几个组合并，宣佩又担任了大组长。

1952年12月21日，上海博物馆开馆，时年22岁的黄宣佩被安排在书画大厅讲解。开馆第一天，上海滩全城轰动，排队买票的队伍长得不得了。当时博物馆的门票是2角一张，大光明看场电影也不过2角，可见博物馆的门票价格并不低。即便这样，排队购票的队伍仍从南京西路大门口一直延伸到黄陂路武胜路口，盛况空前。大家之所以纷至沓来，一方面是因为在旧社会文物只是属于少数人在私人空间赏玩之物，普罗大众无缘得见，对文物不了解，听说里面有许多古代青铜器、陶瓷器，贵重得不得了，想来看看文物长什么样子；另一个原因是因为博物馆建在跑马厅里，这是人人皆知的地方，但过去也是一般市民群众无法涉足之地。于是，在仰慕文物"宝贝"和意欲一窥这座神秘大厦的双重驱动之下，这座新生的博物馆自然是人山人海。

次年3月，书画大厅的展览结束，人员与陈列室的保管员合并，成立了导引组，也就是讲解员组，黄宣佩被任命为导引组长，组里一共有三十多人。黄宣佩的历史知识掌握得多，组织能力好，加上善于办事，成了近百名青年里的佼佼者。在担任导引组长后，他带领组员们学习讲解，从只能讲解一间陈列室，很快每个人都能讲解全部的十大陈列室，并且建立了一套组织讲解的办法。正因为此，1953年春，黄宣佩被第一批吸收入团，并被博物馆正式录用。5月调整工资时，黄宣佩的收入从每月34元一下子加到了每月54元，是少数几名连升三级的员工。到了1954年的春天，黄宣佩又被评为了上海市文化系统先进工作者。那位孜孜求索的少年，而今终于在这一方新天地中找到了适合自己的前进道路，偶然的际遇中，似乎也隐藏着某些必然。

筚路蓝缕学考古

上海博物馆副馆长杨宽先生极力主张，一座像样的博物馆应当有考古部门。

1954年的夏天，上博指派黄宣佩参加由文化部文物局、中国科学院考古研究所和北京大学联合举办的第三期考古训练班学习。这期考古训练班被称为新中国考古界的"黄埔三期"，学员后来都成为中国考古界的骨干力量。

训练班有近两个月时间在北大进行课堂教学，讲课的老师都是当年考古界的领军人物，如裴文中、夏鼐、苏秉琦、贾兰坡、宿白等先生，还有相对年轻的安志敏和王仲殊等教师，以及讲授考古摄影和绘图等技术课程的赵铨先生等。课程上完后，训练班组织全体学员到陕西临潼半坡村遗址参加一个月左右的实习，另外还有一个月左右的时间，在西安白鹿原参加墓葬发掘实习。

训练班的辅导员蒋赞初是华东文化部文物处指派的辅导员，他之前已经听说过黄宣佩的名字，见面时发现他是一位举止稳重、衣着整洁、带有江南知识分子特点的青年同志。黄宣佩不仅学习认真，而且善于提问，有时候提

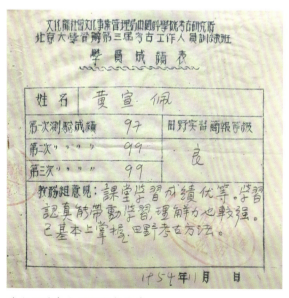

黄宣佩的考古训练班成绩单

1954年7月22日，第三期考古工作人员训练班开学典礼

出的问题，让他也应付不了。于是在课堂教学阶段，蒋赞初就带他去请教安志敏先生和王仲殊先生等比较熟悉的年轻教员；遗址实习阶段，带他去请教学长石兴邦先生；墓葬实习阶段，又带他去请教辅导组组长王仲殊先生。这些先生循循善诱，耐心解答，帮助黄宣佩解开了疑惑。考古训练班的学习，在文物博物馆工作上为他打开了一片新天地。黄宣佩本色不改，依然是过去那个勤奋刻苦的少年郎，他第一次测验成绩97分，第二次99分，第三次又获得99分，田野实习简报等级为良。教务组对他的评价是：课堂学习成绩优等，学习认真，能带动学习，理解力也较强，且已基本上掌握田野考古方法。

训练班结业后，黄宣佩回到上海博物馆，被分配至征集组当副组长，在这里学习了不少鉴定文物真伪的业务。1956年的夏秋之交，蒋大沂先生去山西省考古调查，带着马承源和黄宣佩同行。蒋先生在青铜器和甲骨文研究方面很有建树，曾经担任华东文化部文物科科长，上海博物馆地方历史研究部、陈列部的主任。而日后成为著名青铜研究专家的马承源，比黄宣佩年长2岁，当时只有二十七八，是上海博物馆研究部的副主任。

三人从太原沿铁路线南下，逐站考察石雕艺术，看了晋祠的宋元泥塑、天龙山石窟造像、永乐宫元代壁画等举世闻名的文物。这一路上最累的莫过于去荆村新石器时代遗址调查。每天天刚亮，蒋大沂就招呼大家出发。出了门在街上买了些烤山薯聊作充饥，就在荒野里走上30多里路。沿途很少有农户，时过中午才看到一个村庄，蒋大沂让黄宣佩找家农户吃派饭。所谓的派饭，是当时基层干部到农村工作，由农民轮流照管饮食的政策，按规定支付一斤粮票，外加一角钱。农家大嫂拿出来两个窝窝头、一碟咸大蒜头、一碟咸菜，实在难以下咽。就着水，啃了几口窝窝头，又起程赶路。肚子饿了，就吃路边果树上人家采剩的枣子和柿子，柿子生的不能吃，只能拣那些挂在树上已经发红的摘来吃，但这些发红的柿子有许多苍蝇飞来飞去叮着，附近又没有水，没法洗，也就这样胡乱吃了几个顶饥。等到了晚上，背了十几斤重的陶片回来。这一天来回走了六七十里路，一到旅馆大伙倒在床上就睡。第二天一早起来，黄宣佩只觉得双腿酸痛，更糟的是闹起了腹泻，再也没法走路了。而年过五旬的蒋大沂却丝毫没事，他是有名的骆驼，不怕走路不怕饥饿。蒋大沂让黄宣佩休息一天，并叫了一辆自行车送他赶到下一个地点，自己则继续步行。一路停停看看，经过京剧《苏三起解》故事的发生地洪洞县，终于来到黄河边的风陵渡。风陵渡位处黄河东转的拐角，自古以来就是黄河上最大的渡口。金人赵子贞《题风陵渡》有云："一水分南北，中原气自全。云山连晋壤，烟树入秦川。"过了黄河，算是出了山西的地界，这一次调查历时20多天，黄宣佩和马承源跟着蒋先生学到了不少知识。

第二年，也就是1957年的春天，黄宣佩又跟随蒋大沂到浙江绍兴、上虞、百官一带调查古代窑址。经过这次田野调查，黄宣佩对越窑青瓷有了比较深入的了解。那天他们去山区看一个古代窑址，交通很不便，乘坐长途汽车，还要走十多里路，从早晨出发，一直到下午也没能吃上饭。蒋大沂和黄宣佩一人背了一面粉袋的瓷片标本，打算带回上海研究。好不容易回到长途汽车站，幸好赶上了末班车，赶紧买了车票准备乘车回县城的旅馆。有了上次去山西的经验，黄宣佩知道跟随蒋先生去工作，是要准备挨饿的。这时人是又累又饿，正好站边有个小饭店，两人便直奔进去各要了一碗猪油肉丝蛋炒饭。眼看发车时间快到了，左等右等蛋炒饭就是没好。香喷喷的蛋炒饭总算送上来了，谁料这时长途车正好开进站，乘车的人群一拥而上。那年头闻到猪油香味哪里舍得放下饭碗，但又不能误车，只好不顾烫热，急急忙忙扒上几口，滚烫的猪油一下子伤了喉咙，落下咽喉炎的毛病，后来怎么治疗也不能断根。两人跑到店外一看，长途车已经塞满了人，结果还是没能挤上，只好再问路，到河岸租了一艘脚划船，费劲波折半夜才回到旅馆。

搞考古工作就是这样辛苦。

无悔选择乐奉献

1954年第二期考古训练班和考察结束后，黄宣佩回到上海。让他有些意外的是，人事科告诉说水产局来了通知，如今新中国有自己的船了，航运业正待恢复，他求职时登记过的航海驾驶专业也可以归队了。现在征求他个人的意见，如果愿意的话，可以到船上去工作。此时黄宣佩在博物馆的工作与生活都已经比较稳定，渐入正轨了，但想到航海驾驶是自己的本行专业，去从事航海工作、四海为家也是继承父亲的事业，因此心有不舍，左右为难。于是他询问人事科的领导，组织上的意见如何。人事科同时也是党支部的领导告诉黄宣佩，在他的两个专业里，航海驾驶虽然是他的科班专业，有学习的基础，但只是读了书，没有正式工作过；而在博物馆里，已经有过参加训练班学习以及外出考察的经历，馆里也希望能将他重点培养成为专业人员。所以从组织上的考虑，更希望黄宣佩能留在馆里，不过最终选择还是要黄宣佩自己来做的。

1954年3月，上海市新成区第八选区选举工作队全体队员合影（前排右一）

其实此前黄宣佩已有过一次工作选择的机会。一年前，也就是1953年10月，他曾被临时外调参加区普选工作队。工作结束后，新成区（今静安区）的领导看中了他，要留他在区里负责里弄街道改革工作。黄宣佩不太愿意从事这类行政性的工作，于是回到馆里征询意见，博物馆便立即把他调回。这次也一样，黄宣佩听了馆里的意见后，毫不犹豫决定留下来，从此以后他将自己的全部人生，都奉献给了考古文博事业。

此时，黄宣佩在马当路177弄承租了一间房间，把母亲接到上海居住，虽然生活不宽裕，但总算是一家团圆了。经过几年的工作，黄宣佩对文博工作越来越喜爱，工作能力和成绩也获得了肯定。由于他的突出工作表现，1955年他被评为上海博物馆先进工作者、1956年获得了上海市文化局的表彰。

到了1956年，新中国的文化事业蓬勃发展，上海博物馆年轻的员工们对工作充满热情，一片生气勃勃。这年的春节，上海博物馆举办了第一个春节

1955年获得上海博物馆先进工作者称号　　1956年获得上海市文化局积极分子称号

化妆联欢大会，庆祝上海进入社会主义社会。这一年的夏天，黄宣佩正式加入了中国共产党。与之前加入共青团时一样，黄宣佩顺利通过了党支部为期一年的考察。

1956年底，中国共产党八届二中全会召开，决定开展党内整风运动。此

1956年2月，上海博物馆春节联欢会（前排右一）

后政治运动不断，黄宣佩只能挤出时间来，参加批判资产阶级右派的思想学习，常常是半天学习，半天工作。1957年6月到1958年5月，市委常委王一平兼任上海博物馆馆长，言行担任副馆长。那时正当"整风反右"的高潮，全馆人心惶惶。好在王一平馆长主抓业务，还参与鉴定文物的工作，他同几位业务骨干谈话，稳定了人心。时过境迁，后来人们才知道原来是他向上级汇报上博没有右派，这才保护了上博的一批业务干部，使博物馆事业能够稳定发展。不久王一平离开上博，他在年老后还将多年收藏的一批心爱的珍贵书画捐赠给上海博物馆，并提出了不要奖金、不要奖状、不上传媒、不留姓名，高风亮节，堪为楷模。

从20世纪50年代中期开始，"上山下乡"运动开展起来，干部参加劳动锻炼，人人都要报名，分期分批下乡。博物馆全体都报了名，黄宣佩也不例外。党支部在确定了第一批人选后，需要委派一名领队。当时圈定了几名考虑对象，在征求意见后大家一致认为，无论在组织还是其他能力方面，黄宣佩的经验都比较多，能力也较强，而且第一批带队下乡要有一个好的开端，因此最终决定由黄宣佩担任领队，带十余位同事下乡劳动。1957年11月，在敲锣打鼓声中，黄宣佩和文化局其他单位的员工一起，来到西郊北新泾丰庄农业社生产二队参加劳动。这是一支工作队，白天拿起农具和农民们一起下田，农闲时下放干部去河边锄草灭钉螺，消灭血吸虫病，晚上在住家帮助农民扫盲，学习文化知识。黄宣佩是队长，他每天早晨准时吹哨发动出工，收工时帮助农民队长记工分。农民队长去乡里开会时，黄宣佩也要跟着去做记录，回来帮他传达，实际上是做着农业社队长秘书的工作。下乡后不久，一天黄宣佩突然接到通知，他的姐姐第二次住院开刀，不幸因肠梗阻身故了。姐姐的因病早逝是黄宣佩一生中极其悲痛的事。父亲病前经常航海在外，与家人聚少离多，去世时宣佩尚且年幼，懵懵懂懂，不知人事；姐姐却是一起长大的亲人，在家庭最困难的时刻，是姐弟与母亲一同相依为命，帮扶家庭，而今猝然阴阳两隔，如失手足。

人生有悲有喜。经由博物馆和文管会双方的人事干部作媒，黄宣佩与同

与邢丽芳喜结良缘

在博物馆工作的邢丽芳开始了交往。邢丽芳是单位里有名的贤妻型女性,在看过几次电影,又约了散步闲聊后,两人都觉得很合得来。如今姐姐去世,自己又经常下乡不在家,母亲没人照顾,于是黄宣佩希望早日完婚,能有个安定的家庭。1958年2月,农历12月25日这天,黄宣佩和邢丽芳两人举行婚礼,他们请了三天婚假,在顺昌路亚蒙大戏院对面的一个小酒家里办了两桌酒席,每桌25元,算是有了全鸡、全鸭、全鱼几个大菜。亲戚中每家邀请一人入席,其他都只能在家里安排吃便饭。即便如此简办婚事,黄宣佩也把几年来辛苦存下的180元积蓄和叔母送来的200元礼金用光了。置备家具就花了150多元,这下更没有多少彩礼能给女方了。邢丽芳婚礼上穿的一件鲜艳的女袄,还是她自己向文管会借了40元的互助金才能买得起,这笔钱到结婚以后分了数月才还清。

1958年,"大跃进"、人民公社和大炼钢铁运动接踵而至,黄宣佩所在的丰庄农业社并入公社,成为其中的一个大队,还兴办了农民中学。学校校长是由大队长兼任,挂个名而已,黄宣佩半脱产去担任教务主任,既要管理学校,又要教代数课,生产方面还不能落后。他带领25名下放干部种植一块一亩几分的番薯试验田,好在黄宣佩学习过一些科学知识,相信科学种田的方法。他找来一本记载种植番薯经验的书,又向老农请教,经过科学种植、悉心照料,终于取得丰收,让当地老乡和农民干部都刮目相看。

二 柏油路上干考古

进入博物馆工作前,黄宣佩对博物馆学和考古学一无所知。随着学习、工作的积累,黄宣佩逐渐喜欢上了考古。在他看来,考古工作就是一种科学研究和探索,能够发现遗址,有重大的收获,增进新知,解决学术问题,那种喜悦真是难以言表。

1956年上海博物馆成立了考古组,由接受过考古专业训练、思想政治素质过硬的黄宣佩担任组长。上海考古?近代以来才崛起的现代都市上海能有多"古"?土地面积狭小的上海有多少"古"可"考"?当时一些省市的考古同行曾开玩笑说,上海考古人是在"柏油马路上考古"。谁会料到,就是这柏油路上考古,考出了大名堂。

上海位于东海之滨、长江三角洲前缘的冲积地带,近百万年来有过六次大的海进海退,是"沧海桑田"变化最频繁的地带。早在20世纪30年代,一位水文专家依据长江水带来的泥沙在口岸的每年沉积量,推算出上海的海岸"约每69年前伸一英里",据此认为距今6000年前长江的入海口位于镇江一带。上海的成陆年代不早,上海无古可考,这一说法深入人心,影响很大,大家都以为上海没有史前古迹。另一方面,上海的地势低,地下水位高,古代遗存大部分埋藏于水线之下,地下古代遗物与遗迹不易暴露,地上没有明显迹象，志书中也缺乏记载，因此上海地区的古代遗址长期未能被发现。

青浦、金山、松江等十个郊县，原属江苏省管辖，1958—1959年，分两次划归上海建置。这些"新上海"的地区需要做调查研究，此前除了1935年发现的金山县金山嘴戚家墩东周战国时代遗址外，的确没发现过其他什么古代遗址。上海的考古事业可以说是完全从零做起。不过，换个角度来看的话，上海正是一块未被开垦的考古处女地，任何新发现都是从无到有的突破，是挑战，同时也是机遇，黄宣佩对他的事业充满信心。只是后来的整风运动、下乡劳动等接踵而至，暂时打断了考古工作的开展。

1958年开始的"大跃进"运动给国家、人民造成了巨大的损失和伤害，不过对当时上海的考古事业来说，却是一个前所未有的契机。"大炼钢铁"时，在淀山湖组织打捞湖底的狗屎铁炼钢，同时被打捞上来的石器、陶器、骨器和各种动物骨骼等"副产品"，让考古工作者惊喜地发现，淀山湖水下存在古代遗存，其所在湖区过去曾是陆地。随着基本建设的开展，在各郊县农村平整土地的过程中，挖出了不少文物，更多的遗址被发现。在随后的几年里，考古工作者陆续发现了闵行马桥遗址，松江广富林遗址、机山遗址、北干山遗址、钟贾山遗址、南阳港遗址，青浦崧泽遗址、金山坟遗址、乐泉村遗址、福泉山遗址，这些发现有力地证明，上海是有古可考的！

此时，文化局系统虽然抽调了一些在职干部参与保护工作，却一直没能做出一块可以用来介绍如何保护地下文物的"样板"。不知怎的，有人想起在下放干部里还有一个黄宣佩，他参加过正规的培训，懂得考古工作。于是经过上报市委批准，这年秋天，组织上提前把黄宣佩从农村调回，先是参加市委赴金山的文化调查组，再设计考古工作的样板，组织各区县文化局的干部开现场会。就这样，一般为期两年的下放锻炼，黄宣佩只参加了十个月，就调回到了市区。金山文化调查组的工作结束以后，考古工作一炮打响，在宝山月浦找到一个考古样板，发掘出一座明代墓葬——黄孟瑄墓。这座墓葬里出土的使用拉花机纺织的提花丝绸，织出的花纹已达到了较高的工艺水平。考古队召开了现场会，同时召集各个区县文化干部的会议，向他们介绍什么是古墓，明确要求今后凡是看见和发现古墓，都要立刻保护现场并上报文管会，交由专业人员处理。之后，上海市文化局的社文处把黄宣佩调去担任下属博物馆纪念馆的联络员，黄宣佩很不习惯这种机关式的工作，希望能够回到一线参加考古，于是要求再回到上博。恰好文化局要加强对文管会的领导，就把他委派到文管会第二处考古组担任组长。就这样，黄宣佩再一次回到文博岗位上。

1958年，青浦淀山湖出土新石器时代文物图录

1958年杨宽馆长离开博物馆，原文化局社文处处长沈之瑜调任上博担任副馆长和党支部书记，他为博物馆的发展作出很大贡献。随着上海的文化发展，跑马厅大楼无法容纳上图、上博两个大馆，市里决定安排上海博物馆迁馆，搬到河南南路16号的中汇大楼（原杜月笙的中汇银行）。1959年的这次搬迁，让博物馆的馆舍面积从几千平方米一下子增加到了一万多平方米，为博物馆的发展提供了良好的条件。在沈馆长的悉心安排和指挥下，数万件珍贵文物无损、无漏、安全地搬迁到了新馆。

新馆的陈列面积扩大了一倍，陈列室的划分则根据时代需要，从原来按照朝代排序，改为按社会发展阶段划分，诸如原始社会、奴隶社会、封建社会前期与后期，以及近现代工艺品陈列室等。同时扩大了文物修复组，设置文物修复工场，包括了青铜器修复组、陶瓷杂件修复组、书画装裱组和一个珂罗版印刷组。这个工场网罗了全国修复技术的高精人才，例如从事陶瓷修复的饶宏发、青铜修复的王荣达、漆木杂件修复的吴福宝，还有装裱师严桂荣等，修复力量之强大，当为全国之最。文物保护研究领域也相应成立了科学实验室，开始采用热释光测定陶瓷年代，在全国文博界开创先河。青铜器防治有害锈和漆木器的修复等研究，先后获得国家文物局的嘉奖。

1959年9月，上海博物馆从人民广场跑马厅搬迁到位于河南南路的中汇大楼

1960年9月，上海市文物保管委员会与上海博物馆合署办公，两块牌子一套班子，这次改组再次增强了上博的力量。尤其是市文管会的收藏并入上博，使上博的文物增加了三分之一。更重要的是业务力量上的加强，市文管会主任、版本研究专家徐森玉来到上博兼任馆长，著名画家、鉴定家谢稚柳担任博物馆顾问，对国画研究有很深造诣的孙仲威也进入上博。同时随着上海史研究专家吴静山和顾景炎的加入，上博还成立了地方史研究部。此时的上海博物馆，真可谓是风云际会，一时多少豪杰。

科学发掘马桥始

马桥遗址（1960年）

来到上海市文管会工作，是黄宣佩工作能力得到极大发挥的时期。

上海地区第一次真正意义上的考古发掘，是1959年底至1960年初的马桥遗址第一次发掘，这也是黄宣佩第一次担当领队主持的发掘。

1959年底，黄宣佩前往武汉参加长江流域考古队队长的会议，刚回来就接到报告，说是上海县马桥镇（今属上海市闵行区）发现了一大批遗物。原来上海重型机器厂正在马桥建造厂房，选址正位于一种叫做"冈身"的特殊地带上。冈身其实是古代的海岸线，海平面长期稳定的时期，在潮汐海浪等自然动力的作用下，就在岸线上形成数条西北—东南走向的沙堤。随着后来三角洲地貌继续发育，上海陆域逐渐向东扩展，冈身就成为内陆的一部分，

1959年12月，长办文物考古队首次队长会议（二排右五）

逐渐远离海岸了。对考古部门来说，马桥遗址的发现带有很大的偶然性。马桥遗址地势比较高，原本较难发现埋在下面的遗址。没想到重型机器厂要造厂房，厂房需要把土地垫高，一挖土，就暴露出下面很多的埋藏。于是，上海第一个古文化遗址就在挖掘机的隆隆巨响中被发现了。

马桥遗址发现后，考古组组长黄宣佩立即组织人员赶去进行抢救性发掘。当时上海地区具备考古专业知识的人员很少，包括黄宣佩在内只有四五人，他们组建起上海第一支考古发掘队伍。

那时的生活条件非常艰苦，考古队员们住在马桥公社食堂上面的一个阁楼里，吃饭就安排在马桥公社。白天大伙到工地发掘，晚上黄宣佩组织各个组整理汇报，汇总后再考虑第二天怎样推进。

当时上海的考古发掘有一个特点,不请很多当地村民、农民工来参与,而是从自己单位里面抽调干部参加发掘。这是因为上博的老馆长沈之瑜有个"理论",当时有宣传干部要参加劳动锻炼,他说我们的干部不要到工厂农村去,就到考古发掘现场锻炼。这一做法,对开展工作有很大的便利。农民工需要先培训他们了解什么是文物,怎样挖掘,而馆里的干部都是懂些文物知识的,一讲就通。黄宣佩按照科学考古的要求,指导考古组和博物馆一些下乡参加劳动的同志们开始了发掘工作。

考古的第一步是勘探。几名工作人员手里拿着探铲保持队形平行向前,每隔一段距离往地下钻探取土,进行调查。探铲,也就是所谓的"洛阳铲",其实大多不是扁扁的铲形,而是前端呈半圆筒形,通常宽仅2寸,铲柄约摸一米多长。利用重力原理,将探铲垂直打向地面,插入土中,用手掌捏紧铲柄,顺势一转、一提,就可以带出一段圆柱形的泥土来,同一个位置反复取土数次,就可以获取地下较深处的土样,如果有需要,还可以另接铲柄增加长度。通过观察泥土里是否夹杂陶瓷片或是墓砖碎片等物品,以及泥土的颜色、质地,可以判断地下是否有遗址或墓葬,以及大致的位置、范围和深度。

调查清楚遗址的分布,接下来便是发掘,发掘的第一步叫做"布方"。首先借助指南针、市政地图等确定正方向,在地面上每隔5米打进一个小木桩,纵横都一样,然后用绳子把这些木桩连在一起,这样地面上就出现了一个个的5米长、5米宽的方格,也就是"探方",北、东两边各留1米宽的"隔梁",用以控制地层、观察剖面,同时便于工作时行走。接着按照层位逐层向下挖掘除了隔梁外的4米×4米的区域,随着发掘的进行再按照需要发掘隔梁区域,叫做"打隔梁"。而东、北两个隔梁相交处的1米×1米的区域一般要保留到最后,作为发掘工作的标尺,形成的立方体柱子叫做"关键柱",如无特殊需要则不做发掘。黄宣佩分配考古组的成员,每人负责一个探方,带着几个其他部门的同事一起挖掘。

黄宣佩身体力行,带头发掘。他特别告诫同事们,考古发掘不能看见什么东西马上就从土里刨出来,一定要按层位逐层发掘,同时注意器物与周围

1960年春,主持马桥遗址发掘(前排左四站立者)

的地层、单位和其他器物之间的相互关系。古代文物出土的完整器很少,绝大多数都残破不全,其中一部分可以拼接起来复原为完整器物。单件陶片一般只有标本价值和统计上的意义,但是要能拼合成一个完整的文物,那么意义就大了。这是考古工作的第一步要求。

不同时代的地层因为不同的形成原因和动力过程,会呈现各异的土质、土色,考古发掘工作必须根据地层的分界,一层一层地向下发掘。这是因为不同土层之间有时代的叠加关系,越是上层,时代距今越近;相应的越是往下、往深处挖,时代越久远。比方说从上往下依次是唐代、汉代、战国、春秋,再下面可能就是周代、商代和新石器时代了。因此,不能随意地从一个点一下子挖得很深,这样不同时代的遗物全混在一起,失去了地层依据,就不是科学的考古发掘了。马桥遗址的首次发掘工作,是黄宣佩严格按照在全国考

马桥遗址第一次发掘情况（1959年12月—1960年2月）

测量

绘图

抽水

清理

古训练班上学习到的方法带队完成的，经过两个月的发掘，收获丰富，整个发掘面积约有2000平方米。遗址文化层分为三个阶段：上层为春秋战国时代遗存，出土各类印文硬陶和各类原始瓷；下层为良渚文化遗存，出土器物都具有典型良渚文化的特征；中层为一类新的遗存，它以夹砂和泥质红褐陶为主，器物表面一般拍印各类纹饰，具有鲜明的特色。

发掘结束后，考古队邀请曾昭燏、尹焕章先生等考古界的老专家来上海马桥举行研讨，专家们一致认为，马桥遗址的发掘是一次科学的考古发掘。尤其是曾国藩的孙女、著名考古学家、南京博物院院长曾昭燏先生称赞上

发掘

记录

与史学界人士座谈马桥遗址

海的考古工作搞得很科学,她认为马桥遗址的发掘,在地层中第一次发现良渚文化、马桥文化(当时尚未定性和命名)和吴越文化的叠压关系,意义重大。这是对上海考古田野工作的充分肯定。此次发掘是上海地区科学考古的起点。几年后,1966年的1—3月,黄宣佩再次领队,对马桥遗址进行了第二次发掘。

马桥遗址的发现,在当时影响很大。后来黄宣佩总结出三个方面的意义:

陪同古人类学家裴文中参观马桥遗址展览

其一，马桥遗址将上海的历史大大向前追溯，证明上海地区有良渚文化的分布，也就是说上海早在四五千年前已有人类居住生活了。其二，马桥遗址将上海的成陆年代向前推，证明至少在五千年前，上海西部及西南部就已成陆，良渚先民已在此生活，那时的海岸线"竹冈"已是十分稳定，以此可以判断上海西部的成陆年代远较学术界的认识要早。其三，马桥遗址确认了良渚文化与马桥文化的先后关系，找到了马桥文化与良渚文化的叠压关系，为判断两者年代先后关系提供了直接的地层依据。

良渚文化在1936年发现之后,直到50年代,由于种种原因,各地仅是做了若干次小面积的探掘,研究内容局限在文化特征的初步探讨。马桥遗址下层墓地的发现,揭露了良渚最基层平民的生活与葬俗概况,使研究工作进入了新的阶段。这是第一次发现上海地区良渚文化的墓葬,而且遗骨保存得很好。后经复旦大学的人类学专家吴定良研究,复原了一位四千年前50多岁妇女的形象,显现了当时所见最早的上海人容貌。此外,在马桥遗址的良渚文化古井中还出土了一件黑陶杯,杯底发现了两个类似甲骨文的刻文,早于商代的甲骨文,说明中国在四千多年前的良渚文化时期文字已经相当成熟。

此像依据马桥遗址良渚文化2号墓人骨进行复原。女性,50—60岁
发现时颈部左侧有黑陶壶1件,腰部右侧有石锥形器1件

竹节形刻文阔把陶杯

良渚文化（距今5100—4200年）
1960年马桥遗址出土
高6.5厘米，口径9厘米

　　泥质黑衣灰陶杯，粗矮直筒形，杯身上饰多道竹节形凸棱，口部残损，底微圜，矮圈足。杯身一侧附一宽扁的环形把手，宽把两边饰直条纹，中间素面，把手上部有两个供穿绳系盖的小孔。杯的外底残存两个刻划的陶文，横、竖、捺笔划清晰，脱离了一般图画、符号的特征，与我国最早的文字——甲骨文接近，是研究中国文字起源的重要资料。此陶杯出土于良渚文化古井。

　　对于马桥遗址中层的这类新遗存，因其文化内涵的特殊性受到了考古学界的关注，黄宣佩在其中起到了引领作用，对这类文化的主要特征做了清晰的分析，对其源流也做了梳理讨论。为了使研究更加科学严谨，他采用墙报的方式，让大家自由地发表观点，相互学习讨论。通过这一过程，对于考古组的同事们，也包括黄宣佩本人在学术上的进步，起到了重要的作用。80年代初，"马桥文化"得到命名。根据对出土木炭样品进行碳14测定，马桥文化的年代距今约为3900—3200年，处于夏代至商代早中期阶段，是太湖流域青铜时代的一种考古学文化。马桥文化的发现，揭开了夏商时代古越文化的一段历史。

直柄石刀

马桥文化（距今3900—3200年）
1960年马桥遗址出土
刃宽5.2厘米

　　直柄石刀，也是马桥文化的特征器物之一，可用于切割动物的兽皮等。器形小巧，角尺形，双面刃。

石矛

马桥文化（距今3900—3200年）
1960年马桥遗址出土
长11.6厘米

　　狩猎工具，扁平窄长，等腰弧边三角形，两侧下端突出，可以防止装柄的缚绳脱落。这类形状的矛为马桥文化所特有。

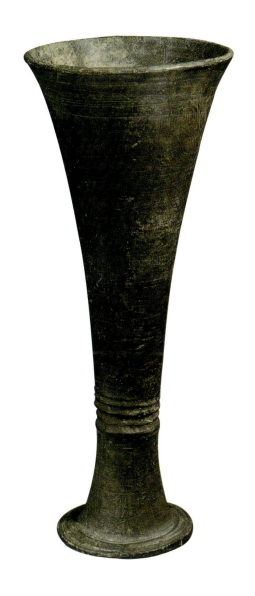

弦纹陶觚

马桥文化（距今3900—3200年）
1966年马桥遗址出土
高24厘米，口径9.4厘米

　　觚是中原夏商时期的酒器，马桥文化也很盛行。此器泥质黑衣灰陶。器形修长，敞口，平底。腹下部饰凸弦纹。器形与夏代二里头文化陶觚相似。

寻古求真崧泽现

其实，考古调查并不是盲目去找，这样是找不到东西的。史书、地方志甚或地方上父老相传的传说，往往有记载的痕迹，能提供线索，当然记载可能并不完全准确，那就需要研究和推断了。当年发现崧泽遗址的过程就是如此。

崧泽遗址（1961年）

崧泽遗址的发现，源于流传在上海青浦崧泽一带（20世纪50年代以前为江苏辖地）的神秘传说。崧泽村位于青浦赵巷镇，周围河港交错、农田棋布，是典型的江南鱼米之乡。崧泽之名，在宋绍熙《云间志》中称为"袁崧宅"，乾隆《青浦县志》有"相传晋左将军袁崧墓及居址在此"的记载，可见这是一处历史悠久的村镇，颇有考古调查的价值。1957年在征得江苏省文化厅的同意后，黄宣佩去崧泽村做了田野调查，在访问当地老先生时，听说村后有一个土墩名叫假山墩，就是袁山松（即袁崧）将军的墓葬。于是黄宣佩到村后进行考察，发现那里确实有一座长宽各约90米、高约4米的略呈方形的土墩，但墩上全是明清墓葬，并没有晋代遗物或墓葬的迹象。然而在土墩的坡面上，却找到了数块新石器时代的泥质灰陶和夹砂红陶陶片，这些数千年前的遗物一下子引起了黄宣佩的注意，看来崧泽这地方不简单，它的历史可能要远远超过距今一千五六百年的晋代！

1958年，上海市出版局饲养场在村北挖掘鱼塘时，发现鹿角、陶片、石器等物品，从而认定该处存在古文化遗址。此时，青浦县已划归上海，市文管会接到上报后研究决定，在崧泽村进行考古试掘。1960年11月，黄宣佩带领6名考古队员进驻崧泽村，他们根据经验判断，在6个不同的地点展开试掘。前5个探沟在农田里，发现的都是春秋、战国时期的物品，第6个挖在假山墩上，在这里，考古队员找到一个新石器时期的祭祀坑，还发现了陶釜、陶鼎和陶杯，这三件陶器的年代据推测都在5000年以上。队员们高兴极了，这是上海地区迄今发现最早的古文化遗址，比马桥遗址的遗存还要古老。另一方面，考古发现也验证了历史传说的真实性，即崧泽与晋人袁崧并无关联，只是因名附会。其实明代文学家陆深就写过《崧宅辩》，文中对"崧宅"因袁崧得名提出了异议，并认为"崧泽"才是本名（方言中"泽""宅"音近），其名称应与吴淞江和湖沼湿地有关。类似这样仅靠传统的训诂考据之学无法根本解决的历史"疑案"，如今依靠科学考古这一强大"武器"，终于能给出令人信服的解答——"崧泽"意指吴淞江流域的水边高地。这何尝不是考古学的魅力呢？

上海的古代遗址原本就少，崧泽遗址的发现，受到各级领导的高度重视，考古工作获得了充分的关心和支持。1960年的试掘之后，黄宣佩于1961年、1974—1976年和1994—1995年又三次担任领队发掘崧泽遗址，与崧泽结下了深厚的情缘，崧泽遗址也永远记得他的足迹和为之付出的心血。

1961年崧泽遗址的发掘发现，其下层堆积属于马家浜文化的遗存，将上海地区古史研究的年代提早到6000年前，这是崧泽遗址的一个重大意义。崧泽遗址的另一个重大发现是，发现了叠加在下层马家浜文化之上的新石器时代墓葬群，被称为崧泽遗址中层堆积。黄宣佩发现，这里出土的文物具有独特文化内涵，既不同于之后的良渚文化，也与之前的马家浜文化有较大差别，认为应属一种新的考古学文化。这类遗存在此后被广泛发现于长江三角洲地区的其他遗址中，因为崧泽遗址的典型性，它的中层墓葬所代表的这类遗存因黄宣佩和上海考古人的首创性工作，被命名为"崧泽文化"，根据碳14测定出土骨骼的年代，其年代跨度大致在距今6000—5400年。

1961年崧泽遗址考古发掘（二排右三）

1994年在崧泽遗址发掘现场为文博同行作介绍

　　无论是马桥还是崧泽，刚刚起步的上海考古取得了令人瞩目的成就，黄宣佩和上海考古人的工作，无疑站在了时代的前端，引领着长江下游环太湖地区探寻历史根脉、构建时空框架的宏大事业。

宽檐筒形陶釜

马家浜文化（距今6000年前）
1976年崧泽遗址出土
残高27厘米，口径18.1厘米

　　夹砂红褐陶。侈口，直筒形深腹，肩部有宽檐，圜底，器腹有烟炱等火烧痕迹。陶釜是马家浜文化先民的主要炊煮用具，通常与陶支脚、灶等配合使用。此釜出土时腹内还留有许多呈焦黑状的动物骨胳，可能是烹煮过度造成。

崧泽遗址出土陶器

扁凿足大陶鼎

崧泽文化（距今5900—5200年）
1961年崧泽遗址出土
高27厘米，口径29.2厘米

　　敛口，折沿，深折腹，折腹处有锯齿形堆纹一周，腹上部饰凹弦纹数周，圜底，扁凿足，足根仄而厚，外拐，饰三个竖向排列的圆窝纹，足下端宽薄。嘴器三足高耸，器形完整，器宇轩昂，别有韵味。

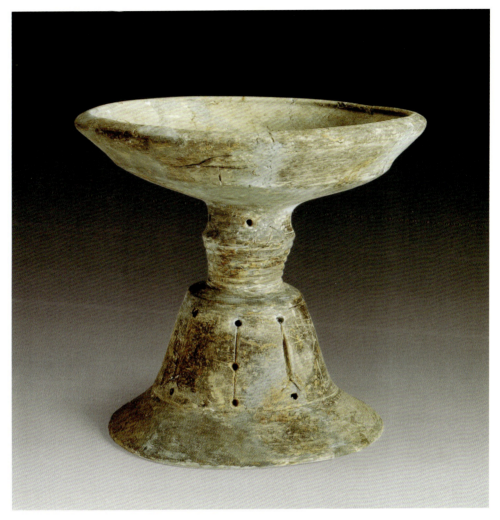

曲折把镂孔陶豆

崧泽文化（距今5900—5200年）
1974年崧泽遗址出土
高19厘米，口径19.5厘米

　　泥质黑衣灰陶。敛口，折肩，折腹，高圈足，上端内收成细颈状。圈足呈两节，上部细长中间有鼓棱，饰圆镂孔和凹弦纹，下部喇叭形外撇，饰数行圆镂孔，每行三个，由一直线划纹相连。

双层镂孔花瓣足陶壶

崧泽文化（距今5900—5200年）
1966年寺前村遗址出土
高15.5厘米，口径8.1厘米

　　器口与圈足的边沿呈花瓣形，壶身有内外两层，内层可盛水，外层为非实用，以镂孔和压划纹装饰，整器造型犹如一朵即将绽放的花蕾，制作规整，造型奇特，是新石器时代陶器中罕见的艺术精品。

三口陶器

崧泽文化（距今5900—5200年）
1960年崧泽遗址出土
高14.6厘米

　　泥质灰陶。器形呈"品"字形三瓶相连，腹内贯通，平底，附三个扁足。
　　中国新石器时代有许多地区都发现有双口、三口或更多器口腹部相连的陶器，如马家浜文化的三联杯、仰韶文化的双腹杯等。目前，中国西部少数民族中还保留宴客咂酒的习俗，宴会时大家用竹管或青稞管一起在酒器中吸食咂酒。或许新石器时代的这类多联或多口的陶器，也是在公众举行某种仪式时的特殊用器。

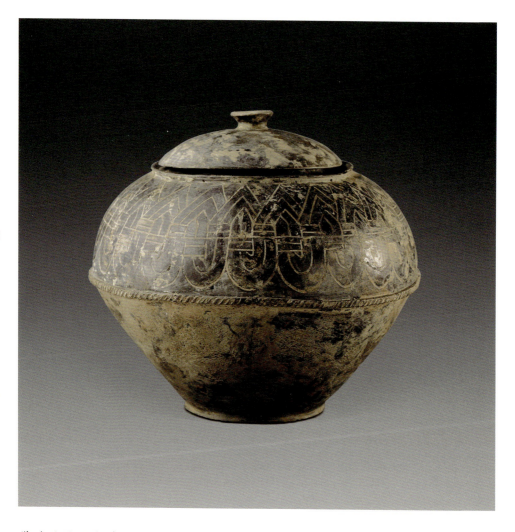

带盖竹编纹陶罐

崧泽文化（距今5900—5200年）
1974年崧泽遗址出土
通高26.2厘米，口径15.2厘米

泥质黑陶。直口，鼓肩，口沿上有十二小孔，每三孔为一组，对称排列可以穿绳缚盖。盖作浅盘形，杯状捉手。器底是外撇的矮圈足。腹中部饰有一周锯齿形堆纹，位于器体上下两部分的连接处，锯齿形堆纹有增强黏结牢度的功能。

该器是崧泽文化陶器中的精品，器体上腹部刻划一周由22个单元组成的竹编纹。竹编器是长江三角洲地区先民常用的器物，陶工在制陶过程中，将日常所见的实物抽象成几何图案刻划在陶罐上。这种循着一定规律不断重复的纹饰的组合，利用相同图形的不断重复，形成视觉上在空间连续的延展、流动，使得纹饰所孕育的动感得到了明显强化。

陶盉

崧泽文化（距今5900—5200年）
1994年崧泽遗址出土
高18.2厘米，口径5.3厘米

　　夹砂灰褐陶。小喇叭口，垂腹，一侧有一绞索形把手，上腹部有三周锯齿形堆纹，底下顺装三扁足，足根处对捏成卷边状。
　　考古学上对新石器时代的盉的定名源自青铜器。盉是古代盛酒器，是古人调和酒、水的器具。盉的形状较多，一般是圆口、深腹、前有流、后有錾，下有三足或四足的器物。此器是比较典型的崧泽文化陶盉，錾的绞索造型犹为清晰，与其足、腹纹饰巧妙融合。

60年代的黄宣佩

苦中作乐考古人

除了如马桥、崧泽等遗址的"定点"发掘,黄宣佩还有许多"跑腿"的工作内容,要到各乡各镇去做考古调查,虽然辛苦,却也充满乐趣。

1960年的夏天,黄宣佩带着考古组到青浦练塘公社考察泖塔。

泖塔始建于唐乾符年间(874—879年),据载僧人如海在泖河中筑台建塔,后来增建殿阁,取名澄照禅院。宋代景定年间,改名福田寺,亦名长水塔院。当时泖河广阔,来往船只都以泖塔为标志,夜间塔上悬灯照明,指示航道。明代屠隆《福田寺塔院记》有云:"登泖塔,坐藏经阁,凭栏瞩眺,四面烟水迥绝。"由于基础设施建设落后,陆路交通不便,考古组往来通行也得靠水路。他们借了一艘水泥船,自己摇船,划到泖河中央的一片小洲。泖河风平浪静,宽阔的泖水清澈如镜,口渴了就在湖心喝几口水,清润还略带甜味。

登上岸，只见泖塔仅剩塔身和相轮，平座、腰檐已破落殆尽，甚是可惜。黄宣佩带着大家先是考察塔基、测量数据，根据塔的造型推测建造年代，再到周围查看残落的文物。

工作结束回程时，有几个不会摇船的同事要求学学摇船，大家在宽阔的河水中玩起来。谁知玩了不久，西南方涌起一朵乌云，而且快速上升。黄宣佩是在水产学校学过气象的，他立刻告诉大家有风暴来了，赶快靠岸。果然摇不多时，狂风来临，乌云蔽日，船在湖中几乎找不到港口。大雨倾盆而下，还间杂着黄豆大小的冰雹，打在头上发痛，真是太危险了！黄宣佩抢上前使劲摇船，叫另外两个同事拉绳加力，快速冲进港口，冲向河滩，互相牵拉着上岸，钻进一个草棚。这时每个人都已经全身湿透了，大风大雨之下，纵是夏天，也浑身发抖。等过了半个多小时，风雨过去，这才摇船回家。到达练塘镇时已是晚上七点，大家洗澡换衣，买了烧酒，每人发一小瓶喝酒驱寒。结果睡了一晚，第二天醒来，黄宣佩发觉右腰酸痛，直不起身来。原来昨日在风雨中拼命摇船，扭动中腰部着了寒，得了腰疼病。回到上海后看了几次伤科医生，一直不得好，最后还是找中医吃药驱寒，才逐渐治愈。这是一次既惊险又有趣的经历。

1962年，经过考证和研究，泖塔被列为上海市文物保护单位。这座始建于唐代的塔，是上海地区现存年代最早的塔，也是我国现存第二古老的传统灯塔。

随着20世纪60年代初大量古文化遗址被发现确认，许多遗址亟待进行抢救性考古发掘。1961年，黄宣佩领队

泖塔为砖木结构，五级四面，高29米。1959年3月公布为青浦县文物保护单位，1962年9月公布为上海市文物保护单位。1995年经上海市文物管理委员会修缮后，重现昔日唐塔风采。

对广富林进行了试发掘。1963年的夏天，黄宣佩又带着考古组的同事去金山县的金山卫考古发掘。这是一次非常特殊的考古，遗址位于上海的杭州湾北海岸海滩，涨潮时潮水会把遗址淹没。所以每次发掘，都要在潮落时工作，涨潮时退出。考古队住在海边，一有空闲就去海滩上挖白蛤，向渔民买些鲜活的海鱼做菜，生活改善不少。晚上闲来无事，明月当空，满地银光，清凉的海风吹拂，周围是护堤树轻摆的树影，大家坐在海堤上，看着一排排涌来的浪花。

对于大多数对考古有兴趣的朋友而言，考古是充满神秘色彩的，可是对于以考古为专业的人来说，更多的是严寒酷暑的考验与枯燥寂寞的陪伴。40年后，黄宣佩在回忆考古经历时这样说：

大家可能很难想象，我以前是背着铺盖卷前往发掘地点，找个老乡到他们家中的柴草堆甚至牛棚作为住宿地点。不过80年代后条件就渐渐好了起来，听说近些年来田野考古条件有了翻天覆地的变化，我很高兴看到上海考古事业蓬勃兴旺地发展。我与考古结缘50多年了，有人问我这么些年我是如何走来，我想说，是兴趣让我乐此不疲。我自小喜欢看历史传说、故事，研究一下历史是我读书时的一个爱好，田野考古恰恰满足了这点。考古中发现了问题，就去学习找书，不找到答案绝不罢手。而且作为上海人，总被人说上海无古可考，因此找到上海的历史之源也是我工作的动力之一吧。外界有说考古艰苦，考古工作者们要苦中作乐，乐中有苦才是考古工作者们的真实生活情况。

正当上海考古事业开始起步之时，"文化大革命"开始了，上海的考古工作也遭受沉重的打击，大量考古资料被毁，所有田野工作和研究工作被迫停止。那时黄宣佩已是上海博物馆的领导之一，同样受到冲击，但他一旦被"解放"，立即着手恢复考古工作，先后进行了金山亭林遗址的试掘和第一次发掘、青浦崧泽遗址的第二次发掘、金山查山遗址的试掘，以及青浦果园村遗址的清理发掘工作。每一位参加发掘工作的同志都充满干劲，要将耽误了多年的考古工作尽快恢复。也正因如此，上海的考古工作受到的冲击和损失是相对较小的。

广富林遗址（1961年）

1961年，广富林遗址试掘（右三）

坚守职责护文物

八届十中全会以后，中共中央决定在城乡发动一次普遍的社会主义教育运动，农村的运动开始以"清工分，清账目，清仓库和清财物"为主，后期都发展成为"清思想，清政治，清组织和清经济"四个方面，通称为"四清"。

1964年10月，黄宣佩与博物馆同事一起，受委派参加"四清"工作队，赴金山吕巷公社搞试点。也许因为黄宣佩曾经当过下放农村的干部，于是让他独当一面，带了两名青浦当地团委干部去做一个生产队的"四清"工作。

1964年在金山县参加社教工作（左一）

按规定，"四清"工作是实行同吃、同住、同劳动，与贫下中农生活在一起的，所以黄宣佩住在一家每天只能吃粥的农民家里。房屋小，就把养家畜的草棚隔出半间，在牛羊粪堆上填铺一些新泥用作住房，隔壁就是一群牛羊和兔子。这时的工作不仅是日夜开会查账，找人谈话，还要参加一些农田劳作。特别是一日三餐都是稀饭，总是挨饿，工作队不少队员都生了胃病。黄宣佩作为工作队的小组长，每过十天半月要到县里集中一次，开会接受总结培训，在这时候还能吃到大米饭和红烧肉，比别人稍好一些，但也逐渐消瘦。

"四清运动"要求按所谓的"前十条"（即《关于目前农村工作中若干问题的决定（草案）》）办理，农村干部一律靠边接受审查，各队审查发现的贪污和腐化问题，像竞赛一样上报。黄宣佩不改考古人本色，坚持有一分材料说一分话，有多少报多少，一时显得很落后。过了半年，中央又来文件宣布"新十条"（《关于农村社会主义教育运动中一些具体政策的规定（草案）》，也称"后十条"）说是纠"左"，过去搞的政策错了，让大批农村干部靠边，错了的要改回来。这一下过去上报的很多问题都是错的，一些受到表扬的先进分子日子不好过了，有的只好调离工作队，黄宣佩这般实事求是的做法终究被证明是正确的了。

下乡参加"四清"大约10来个月，上海博物馆上报市委，说是因为工作需要，请求把黄宣佩提前调回博物馆。这边"四清"工作尚未结束，黄宣佩放下手头工作赶回馆里，原来是博物馆的大楼要全面大修，已经搭上了脚手架。为了保护大楼内的文物安全，黄宣佩被调回负责通宵值班的安全工作。回馆工作不久，政治运动逐渐开始清理资产阶级的思想，实际也预示着"文化大革命"即将到来。

1966年初，黄宣佩带队前往上海县马桥，第二次发掘马桥遗址。就在此时，上海市文化局批文下达，提拔黄宣佩担任地方历史部的副主任。7月，市文管会和博物馆的党支部改选，黄宣佩被选入支委，正式成为博物馆的领导核心成员。谁知没过多久，"文化大革命"开始，黄宣佩也被划进了被打倒的圈子，经受了一番磨难。

1966年的10月,各方面的造反派都活动起来,要造"资产阶级反动路线"的反。白天整天开会、写大字报,揭发批斗,所有局党委领导、局长,各单位的党支部书记、馆长都成了红卫兵冲击和揪斗的对象。而且,红卫兵还要来抢人事档案。这时的所谓的"当权派"们,像搞地下工作那样,一方面经常开会,将本单位内的人员分成左、中、右,讨论哪些可靠哪些不可靠。到了晚上,把"不可靠"的支开,派"可靠"的守卫,偷偷摸摸地接应文化局党委送来的人事档案,放入博物馆里原中汇银行的大保险库。这儿设有密码,谁也没法打开。

随着馆长、支部书记被打倒,轮到黄宣佩当批斗对象了。大年初一的上午,造反派宣称要过一个革命的年,全馆揪斗当权派。作为当时最年轻的支部委员,黄宣佩也被叫上台,跪下,被人揪住头发,挂着"走资派"的牌子挨斗。这样被批斗写检查,人在七楼办公,连电梯也不准乘。批斗直到1967年的3月,好在黄宣佩是"新当权"的,群众关系又比较好,被第一个"解放",又可以和群众们一起工作了。

"文化大革命"初期掀起红卫兵运动,先是到处"破四旧",也就是破除旧思想、旧文化、旧风俗、旧习惯,接着抄所谓反动阶级和资产阶级的家。在"破四旧"的过程中,文物往往也被视为"四旧",被认为是体现帝王将相、封建迷信的物品,这就给文物工作者带来了很大的麻烦。各个地方都在冲击博物馆,当时极左思潮认为博物馆收藏的是"封资修"的东西,也就是封建的、资本主义的、修正主义的东西,认为传统书画都是士大夫阶层欣赏的,博物馆不应该保存。上海博物馆采取的措施是关闭陈列室,只要不陈列,人家就不会来破坏。陈列室关闭,文物藏进库房,然后再进行大批判。

可是那时的红卫兵是一批一批来的,他们讲究血统,见面辩论先要问出身,有一种"老子英雄儿好汉,老子反动儿混蛋"的论调。红卫兵只能靠红卫兵来对付。黄宣佩当时已经是考古部主任,馆长沈之瑜找他商量,说他出身比较好,祖父是种田的,父亲是做工的,叫他也挂起红卫兵小队长的臂章,外面的红卫兵来了让他去接待。这几个月真是风风雨雨,博物馆一面派人去松江，以宣传队的形式敲锣打鼓，宣传保护文物；一面接到有人要破坏文物的消息，立即派人去处理。一次听说有中学生红卫兵要烧龙华塔，说塔是"封资修"的东西，黄宣佩和同事分析大学红卫兵有学过历史的，会保护文物，就立即联系大学，请他们派人保护，出来做工作。到了晚上，还要组织全体职工通宵值班，防止有人冲进博物馆。"文革"初期的荒唐岁月里，黄宣佩整天就忙着处理这些事情。

最让人啼笑皆非的，莫过于一次豫园打来电话，说有红卫兵要敲碎听涛阁上的仙鹤雕塑。黄宣佩在文管会中兼管文物保护工作，只好代表单位前去处理。红卫兵也分两派，一派说仙鹤是迷信，要砸掉；一派讲这是国家文物不能砸。这就引起两派红卫兵的大辩论，簇拥了一大批人。要砸的一派讲，亭子里写了《毛主席语录》，仙鹤在亭子上面，在《语录》上面，那是对毛主席不尊重！反对敲仙鹤的一派说，仙鹤是文物，中央有保护文物的政策（其实那时法律、政策都是被抛在一边的），又说如果仙鹤在《毛主席语录》之上要敲掉，那么你不是胸前佩戴着毛主席像章吗？你的头怎么可以在像章之上，这样你的头也要敲掉。这一下，引起哄堂大笑。在这种情况下，是不能引起武斗的。黄宣佩赶紧提出处理办法，在意见不能统一前，先将仙鹤封扎起来，消除影响，就这样终止了争辩，将文物保护了下来。

紧接着到了7月，黄宣佩被派到文化局的革命委员会，参加所谓的孟波专案组工作。时任上海市文化局局长的孟波生于1916年，原名孟绥曾，师从著名音乐家冼星海、吕骥等，他本人是一位作曲家，曾在何占豪和陈钢创作《梁祝小提琴协奏曲》的过程中提供过指导。次年工宣队和军宣队进驻文化局，又让黄宣佩主持这个专案组的工作。在工作中，黄宣佩坚持一不打人，二不骂人，三是实事求是审查。他用考古论证的方法研究专案，提出一定要有证据再定案，终于查清了所谓的敌特嫌疑，与孟波本人无关。对于所谓的两条反对毛主席的罪状，一条是反对唱《东方红》，这是当年苏联反对个人迷信的思潮影响下，由孟波的上级提出的主张，孟波本人只是执行者；另一条是庐山会议期间，孟波对在野外路上铺设红地毯提了意见，认为国家经济这样困难，演戏练功的地毯都没有，这是浪费。黄宣佩认为如果确有其事，作为一名党员，是可以提正当的意见。特别是孟波还谱写了很多好的歌曲，不能算是黑线人物，应该解放。这一意见得到大多数群众的拥护，造反派辩论失败。黄宣佩的务实、公正、以理服人，在上级机关中获得好评。

两年的工作结束后，文化局的一些老同志希望把他留在局里，但是黄宣佩却始终心系着刚有好的开始正待干一番事业的考古研究。1970年，黄宣佩坚持回到博物馆工作，工、军宣传队虽然没有同意，但他还是在人事处处长的默许和支持下，回到了上海博物馆。

二 言传身教带队伍

从文化局回到博物馆时，黄宣佩只是上博"革委会"业务组里的一名成员，他再次收拾起被打翻在地上的考古资料，调集两名考古人员，成立了一个小组。

1971年，文化环境稍有好转，上海博物馆的业务工作逐渐恢复运作。原来的考古组改组为考古部，由黄宣佩担任主任，党支部改选时他再次进入了支委的行列。

同年，上海博物馆从浦东南汇新招进一批青年，黄宣佩带着他们去金山发掘查山遗址作为考古实习。由于考古队伍的壮大，工作得以重新发展。1972年，黄宣佩担任领队试掘金山亭林遗址。1973年他又率队清理发掘了青浦果园村遗址。1974年和1976年，黄宣佩两度带队发掘崧泽遗址，并在1978年发表了马桥遗址的发掘报告。1975年，上海博物馆考古部被市文化局评为先进工作集体，黄宣佩作为集体代表领取了奖状。

20世纪70年代,查山遗址发掘时,带教博物馆新进员工(前排左一)

1972年,亭林遗址发掘(前排右二)

1973年，青浦果园村遗址考古发掘（右二）

20世纪70年代初，戚家墩遗址考古发掘（前排左三）

1976年"文革"结束前后，博物馆掀起了业务学习的热潮，包括举办各类被称作"七二一大学"的学习班（注："七二一大学"，源于1968年7月21日毛泽东在《人民日报》发表的关于《从上海机床厂看培养工程技术人员的道路（调查报告）》的编者按语）。这类培训班都是根据自己的兴趣爱好报名，其中有一个考古方面的培训班，黄宣佩就是老师之一。当时培训班采取边学习边发掘的教课方式，是一次全过程的考古能力培训。黄宣佩在培训的过程中很关心学员，每堂课都是亲自讲授，除了课堂上传授知识外，还安排学生参加考古发掘。通过两年系统的学习与实践，学员们都受益匪浅。

1977年，上海博物馆与四川省博物院、重庆市博物馆联合举办了一次颇具规模的"长江水文考古展览"。展览在北京故宫博物院举办，为期半年，上海博物馆派出以考古部为主的团队负责策展和布展等工作，由黄宣佩担任领队。布展过程中黄宣佩一边工作，一边上课，借此机会给团队成员讲授了许多水文考古方面的知识。那时距唐山大地震后不久，北京尚有余震，有一次傍晚真的遇上了五级地震，大家都神经紧绷。团队原先住在文化部的招待所，黄宣佩立即与故宫博物院的领导联系沟通，把团队成员安顿在博物院里居住。直到诸事安排妥善，他才放心地返回上海。

20世纪70年代中期，带教上海博物馆新入职员工

1979年2月，沈之瑜被任命为上海博物馆馆长，黄宣佩提任为博物馆副馆长，兼考古部主任，成为上海博物馆的业务核心。这时，距黄宣佩第一次踏进博物馆的大门，已经过去了27年。

20世纪60年代中后期至70年代，黄宣佩和上海考古人又相继发现了松江汤庙村遗址、姚家圈遗址，青浦千步村遗址、寺前村遗址、刘夏遗址、果园村遗址、凌家角遗址，金山亭林遗址、招贤浜遗址、张堰口遗址、查山遗址，奉贤柘林遗址等。至此，上海考古先驱基本摸清了上海古文化遗址的分布情况，"柏油马路上考古"在风雨中执着前行，队伍逐渐壮大，事业欣欣向荣，着实难能可贵。黄宣佩于此所作出的贡献，桃李不言，下自成蹊。

1979年，上海博物馆馆长办公室，后为馆长沈之瑜

福泉山遗址（1979年）

开启宝库福泉山

1956年，当黄宣佩第一次踏上这座小山时，山上明清古坟垒垒，杂草野树丛生，几乎无法落脚。此时的黄宣佩或许不会料想，一座浓缩了上海悠远历史的瑰丽文物宝库，一首传颂着渺远过去的宏伟文明史诗，就在他脚下静默着，等待着。

福泉山位于上海市青浦区重固镇的西侧，远观仅是农田中的一个大土台，东西长约94米，南北宽84米，高出农田7.5米，山形呈不甚规则的长方形，顶面平整，东南西三面斜坡，北坡较缓有两个台阶。福泉山开始引起注意，是由于地方志的记载。光绪年间《青浦县志》记载，福泉山的所在地"重固"，原先写作"魖魖"，据说是宋代抗金大将军韩世忠掩埋军士骸骨的地方，可见古人就认识到这里是一片丛葬地，往后才去掉"鬼"字旁，改为了"重固"。

另一种说法，福泉山原名"覆船山"，因山形似覆船而得名，但覆船之名不雅，这才改为了"福泉山"（方言中音近）。还有说法称山上曾有泉水，其水清甜，所以称福泉山。与崧泽的情况相似，这是一处有史载、有传说，也有晚期墓葬的古迹，且同样是高出周围农田平地的土墩，令人注目。

青浦从江苏划归上海市建置以后，上海市文物保管委员会开展全市范围的文物普查。当1962年黄宣佩再次到福泉山考察时，经过"大跃进"运动，山上的古坟已被平整，改植大竹，但是因为山土十分干硬，大竹未能成活，只是长出一丛丛低矮的小竹。黄宣佩在一处菜地旁，意外发现数块泥质黑衣灰陶和红陶陶片，以及一件柳叶形石箭头与红烧土，这些都是4000年前新石器时代的遗物，表明这里有古遗址。他立即按照保护的要求上报市政府，经批准，福泉山遗址被公布为上海市文物保护地点。

1977年，青浦当地学校师生在山的东侧农田劳动，又挖到几件陶器，经鉴定竟然是5000年前崧泽文化的陶罐和陶壶。于是到了1979年，黄宣佩决定作一次考古试掘。当时观察福泉山的山土五花斑杂，属于人工堆土，中国南方考古界以前对这种土堆不太重视。这是因为江南地区常常有开河、平整土地，而将多余泥土堆成土堆的情况，大家怀疑这是宋元以后古人开河的堆积土。

试掘的地点选在山下农田。经过发掘，在山的西侧地下发现了6000年前的马家浜文化层，北侧地下见4000年前的良渚文化和5000年前的崧泽文化二层堆积，东侧有单一的良渚文化层，而南侧则有3000多年前的夏商时代的马桥文化层，地下古文化年代延续很长，确有研究的价值。进行试掘的同时，黄宣佩和现场的考古人员也非常留心整个遗址范围内暴露的遗物和遗迹现象，果然在山的东南部发现了新出现的断面，有数件精美的良渚文化玉璧、玉锥形器散落出土，另有玉琮、玉环等暴露于断面上。黄宣佩辨认出，这正是一座良渚时期的玉敛葬墓，遂立刻着手清理该墓，在其中发现了斧、钺、琮、璧、锥形器、镯、环、珠、管、坠以及镶嵌玉片等玉石器117件，象牙雕刻器1件、陶盉1件，根据出土遗物的数量、种类和精美程度判断，这是一座良渚文化的高等级大墓。福泉山宝库的大门，由此徐徐打开。

20世纪80年代,福泉山遗址发掘现场

几年后，为配合青浦当地在福泉山旁筑路取土，同时也为开展良渚文化的系列研究，经报国家文物局批准，上海博物馆开始对福泉山作正式的考古发掘。1982年、1983—1984年，以及1986—1988年，黄宣佩多次领队在此发掘。当时交通状况依然很落后，需要从市中心乘坐长途车前往，途中还要再次换乘，颠簸好几个小时才能到达，所以一般几个星期才回市区家里一次。农村的生活条件也艰苦，平时考古队只能借住农家的房子，抱堆稻草当做床铺。黄宣佩也跟年轻人一起工作在第一线。1984年初的冬天，雪特别大，积雪深达膝盖。当时发掘工作进行到一半，如果因为天气原因中途暂停，暴露的文物和遗址有遭到自然或人为破坏的可能。于是黄宣佩亲自带队，刨开积雪继续发掘，在恶劣的天气下硬是把发掘工作全部做完。这就是上海考古人的精神。

20世纪80年代初，福泉山遗址发掘

清理福泉山遗址战国墓

解说福泉山遗址出土文物

1984年，福泉山考古发掘，巧遇纷飞大雪（右二）

福泉山遗址在20世纪80年代合计发掘面积2235平方米，清理了崧泽文化的居住遗址1处、墓葬19座，良渚文化墓葬30座，以及战国墓6座、西汉墓96座、唐墓1座、宋墓2座，获得各类文物2800余件。按照考古的一般规律，应该是越往下，出土文物的年代越早，但是福泉山的迹象却是去掉表土以后，第一层发现了6000年前的马家浜文化的陶片和动物骨骼，第二层内却是5000年前的崧泽文化遗物，第三层才是4000年前的良渚文化层，然后第五层再现崧泽文化后期的土层，第六、第七层为崧泽文化前期的文化层。这里前三层年代的颠倒，显然是有人把附近别处的泥土搬移过来，在这里原有的崧泽文化遗址上建筑一个高台墓地。再根据土内最晚的器物为良渚文化时期，可以断定这应该是良渚古人动用大批人工堆筑的高台，其中埋葬的又是良渚时期的显贵，出土了大量精美的玉器、石器、陶器、象牙器等，并发现有人牲、燎祭现象。人工堆筑高台墓地的发现和辨识，在我国考古界是一项具有开创意义的突破。不仅如此，福泉山遗址的堆积异常丰富，囊括了马家浜文化、崧泽文化、良渚文化、马桥文化、吴越文化、战国、西汉、唐、宋以至明清等诸时代，形成完整年代序列，堪称一份上海的历史年表，证明6000年来在这片福地上人类活动从未中断，上海人文历史源远流长。这里出土的精彩文物，除了良渚大墓随葬品，还有如崧泽文化象牙玉镯、战国楚的青玉双尾龙纹璧、西汉圆形石砚和北宋龙泉窑莲花形盖罐等，代表着各个时代的文化面貌、工艺成就和生活水平，福泉山确实是一座独一无二的历史与艺术的文物宝库。

象牙镯

崧泽文化（距今5900—5200年）
1984年福泉山11号墓出土
直径8—8.6厘米

这一套四件的象牙镯出土时套叠在墓主人的一条手臂上，都是用亚洲象的牙截段、镂挖而成。除了福泉山遗址出土的崧泽文化象牙镯、良渚文化象牙权杖等，象牙、象骨在嘉定方泰、闵行马桥均有发现。

双尾龙纹青玉璧

战国时期
1983年福泉山遗址1号战国墓出土
直径19.2厘米，孔径5.2厘米，厚0.5厘米

玉色翠绿，温润，双面雕工，内圈谷纹，外圈双尾龙纹，器形规整，打磨质量高，玻璃光泽强，为战国玉璧中的精品。

青黄釉陶香熏

汉代

1984年福泉山遗址17号墓出土

通高13.6厘米

　　胎色灰白，胎质坚硬。子母口，下折腹，圈足。笠形盖面施釉，釉彩光亮匀称。盖钮装饰分三层，上为立鸟，下为重轮，重轮间嵌三颗圆珠。盖面有两圈三角形与圆形间隔的镂孔作出烟孔，两圈镂孔之间再饰戳纹。汉代的熏炉常见博山状，用鸟作装饰物为江南特有。

石砚

汉代

1983年福泉山遗址20号汉墓出土

砚直径9.7厘米，厚0.5厘米，

砚石窄径2.1厘米，宽径2.5厘米

高1.5厘米

　　砚成规整的圆形，边缘有凹口，砚面平整有墨迹。砚石呈圆柱体，上窄下宽，有使用过的痕迹。为研究汉代砚和墨提供了重要的物证。

越窑青釉刻划花瓣纹盖罐

北宋
1980年福泉山遗址129号墓出土
通高9.6厘米，底径8.1厘米

　　盖似荷花叶形，器身敛口，鼓腹，圈足外撇。腹壁贴刻莲瓣，莲瓣宽大肥厚。下腹双层仰莲瓣，每层六瓣，上下交错排列，风格豪爽。花朵刻划有力，表现自如。五代北宋时期，越窑盛行刻莲瓣纹碗、托等。

1986年，时任上海市市长的朱镕基同志到福泉山工地视察，指示要保护好这一遗址，以后要建设博物馆。2001年8月，福泉山遗址被列为全国重点文物保护单位，是当时上海唯一一处遗址类的全国重点文物保护单位。此后上海市文管会组织力量再次对该遗址的环境进行了整治，并在土墩旁建造房屋，布置了一个小型陈列馆，为将来大遗址的规划建设做起准备。

　　2005年，在黄宣佩的支持下，青浦重固镇提出了开发文化景区的方案。黄宣佩召集上海市文物管理委员会、上海博物馆考古部的负责人来到福泉山遗址现场考察，他提了许多如何保护遗址的建议。此事得到上海市文管会的大力支持，召集各方开会，商讨保护规划，制定了设计方案。

1986年秋，上海市长朱镕基视察福泉山遗址考古重大发现

黄宣佩曾撰写《六千年古代文明曙光——福泉山》一文，又为《福泉山——上海历史之源》一书题字"上海之源，文物宝库"。2012年5月，身患重病且还在养病期间的黄宣佩来到上海人民广播电台，以问答的形式制作了一档介绍福泉山考古的节目。黄宣佩曾带着全家三代十多人来福泉山参观，给他们讲述当年发掘的经历，还有每件陈列文物的故事。黄宣佩曾与当年的考古队同事一道回到福泉山参观，感慨当年的青春年华。黄宣佩对福泉山有着非常深厚的感情，也正是他，发现了中国古代文明的这一曲华彩乐章。

2010年6月，在福泉山遗址陈列室

三
文博事业领航员

你说
你只是做好每一件小事
我想
你正向往着浩瀚的海洋
你鸣响的汽笛
萦绕回荡
你指引的航路
正在前方
那满目深情的遥望
舰首伫立的老船长

大视野构建全市博物馆格局

新思维探索地方博物馆道路

高立意传播中华灿烂古文明

专用心学习国外先进新经验

著鸿篇举办古玉器研究盛会

秉初心筹建考古遗址博物馆

传薪火倾力支持高校博物馆

1980年在上海博物馆（河南南路16号）

大视野构建全市博物馆格局

1979年，黄宣佩被上海市文化局任命为上海博物馆副馆长，主管上海市文物保管委员会和文物保护技术科学实验室的工作，同时还兼任考古部主任。后来担任上海博物馆馆长的马承源提出，医院靠医生，博物馆要靠专家，上海博物馆各馆长不能脱离本身的业务。所以黄宣佩不脱离考古，马承源不脱离青铜器，汪庆正不脱离陶瓷器，也正是这个原因，才奠定了上海博物馆扎实的研究基础和深厚的学术实力。

在繁忙的馆长工作之外，黄宣佩除了挤出时间从事考古研究，还要分精力扑在建设区县博物馆的工作上。在他的指导和帮助下，青浦、嘉定、宝山、松江、奉贤、金山、崇明等区县的博物馆相继建成。

上海各个区县的博物馆，大多是在20世纪50年代末、60年代初建立的，后来在"文革"的冲击下，有的区县博物馆与其他文化单位合并，有的干脆撤销了建制。1978年以后，各区县博物馆才开始陆续恢复，这时馆内业务人员大多是从各个文化单位或是学校里调派过来的，他们都觉得自身文博业务能力不足，经常求助上海市文管会。1986年底前，黄宣佩带领考古部专业人员，为青浦博物馆完成基本陈列，从陈列大纲撰写、陈列设计、挑选展品，到进展厅布展，无不亲力亲为。1986年后，在黄宣佩的提议下，上海市文管会地面文物部成立了"区县博物馆辅导组"，对上海各区县的博物馆进行业务辅导。当时辅导组的组员只有一人，直接受黄馆长指挥。

尽管人少，但黄宣佩还是带着唯一的组员跑遍了各个区县的博物馆，开办业务培训班。那时各馆正面临着新一轮的改建改陈，辅导组以此为抓手，一面进行调研，一面确定第二轮的改建方案，推动各馆的业务力量发展壮大。各区县博物馆恢复时策划的基本陈列大多是围绕本地区的历史文化，从新石器时代开始，一直延续到明清时代的出土文物。策划这样的通史性陈列要求很高，各馆的文物肯定是不够支撑的，有时候一个朝代就只有一件文物，显然会有缺失。更何况上海地区范围不大，各区县的历史进程大多相近，如果都搞通史性的陈列，就形成了"千馆一面"的格局，到哪个馆参观都觉得似曾相识，难以引起观众的兴趣。这样一来，博物馆能发挥的影响极为有限，当地政府也不太重视，博物馆处于可有可无的地位。第二轮改建的时候，黄宣佩感到不能再这样做了。经过反复的调研，他提出了每一到两年帮助筹建或改建一个区县博物馆的方针，并为全市区县博物馆定下了分工原则，即根据每个区自己的历史和藏品特色，策划一个专题陈列。比方说，青浦地下文

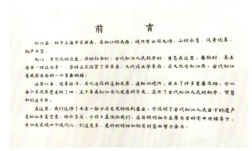

20世纪70年代，松江县历史文物陈列展

物最多,可以设计通史性的陈列;松江的地面文物很有特色,那就侧重于展示地面文物,同时将一些重要的古文化遗址如广富林遗址等穿插在内;宝山出土文物不太多,但是历史上有好几次重大的战役是在这里打响的,所以在第二轮改建时策划了陈化成纪念馆,以后又创建了淞沪抗战纪念馆;嘉定是一个人文历史积淀深厚的地方,特别是科举文化很有代表性,在这里举办科举文物陈列是最适宜的。从1986年筹划青浦博物馆开始,随后是松江博物馆、金山博物馆、奉贤博物馆等,前后差不多花了十年的时间,各区县博物馆的陈列焕然一新,业务能力也有了极大的提升。

在各区县博物馆的陈列改建过程中,作为业务辅导的主体部门,黄宣佩带领辅导组自然是全力以赴。除了策划陈列,以及征集、调拨和借展藏品以外,还提供相应的经费支持。黄宣佩丰富的考古经历,让他对上海各区域出土的

在青浦县博物馆(前排左四)

文物了然于心，在确定建馆主题的时候，他其实也就在盘算需要补充和借展哪些藏品了。通过黄宣佩在市文管会的协调，区县博物馆获得不少借展或调拨的藏品，构建起完整的陈列体系。从设计办馆方案、撰写陈列大纲、挑选展出文物，直到起草讲解稿和培训工作人员，很多博物馆都是由黄宣佩带领团队亲历亲为建立起来的。

20世纪80年代末、90年代初的上海，交通网络还不像现在这样便捷，到郊区去需要换乘长途班车，路上花费很长时间。最艰苦的是去崇明，当时还没有气垫船，要先到达吴淞口，然后换乘轮船，坐两个多小时才能到。客船每天七点整从宝山吴淞口出发，那就必须清晨五点就从家里出发，乘坐很长一段长途车到吴淞口码头，然后再乘船渡江。有一次，黄宣佩一行去崇明博物馆，清早正好赶上大雾，一直要等到雾散才能开船。出门太早没有买早点，两人就只好这么饿着。好容易等到船开了，到达崇明已过了中午，这下连午饭都没有吃成。黄宣佩二话不说一头扑到工作上，和崇明博物馆的工作人员讨论修改方案，等全部工作完成时已到了晚饭时候，索性就三顿并作一顿吃了。当时去趟崇明，晚上是赶不回来的，须住到第二天才能赶早船回市区。没想到第二天碰巧也遇到大雾没有船，一直等到中午开船，回到家已是很晚了。这样一来耗掉两天的时间，黄宣佩在博物馆和文管会里的工作只能占用下班时间去做了。

当时博物馆的陈列改建经费通常需要几十万元，一般的区县博物馆无力承受，黄宣佩就提出由市文管会资助三分之二，区县政府再资助三分之一，每年重点扶持一个博物馆的陈列改建项目。依靠这个方法，不但解决了区县博物馆的陈列改建费用，同时对政府也是有所触动的。改建后的博物馆让当地政府认识到，这里的确是一个重要的文化窗口，因而博物馆也越来越受到重视。

在改建各区县博物馆的过程中，辅导组的影响逐渐扩大，黄宣佩在区县博物馆中也拥有了很高的声望。1989年，辅导组正式从地面文物部独立出来，成立了博物馆纪念馆管理部（简称"博纪部"），承担着全市博物馆和纪念馆的业务管理工作。1991年，原上海历史文物陈列馆正式更名为上海市历史博物馆，以近代上海城市发展历史为主要陈列内容。1996年，在黄宣佩的主持下推出了"上海六千年"展，使得真正的上海通史在此呈现。在他的关心和统筹下，上海博物馆调拨数批考古发掘出土文物以丰富上海市历史博物馆的藏品体系。2018年，上海市历史博物馆新馆于黄宣佩曾经在此工作过的上海博物馆旧址——跑马总会大楼重新与上海市民和海内外宾朋见面，当年的这批文物成为基本陈列中"古代上海"部分的展品基础并发挥了重要作用。前人栽下的树苗，而今荫蔽后人，令人感怀。

进入21世纪后，市文管会博纪部辅导了上海许多博物馆的筹建工作，包括新馆建设和旧馆改造项目，目前上海的100多座博物馆中，博纪部参与过其中一大半博物馆的建设。应当说，这个部门的始创者就是黄宣佩。

1996年，上海市历史博物馆"上海六千年"展

新思维探索地方博物馆道路

　　黄宣佩带领市文管会"区县博物馆辅导组"、博纪部指导建设的一批区县博物馆，都是国内地区级博物馆中一流的。尤其是嘉定博物馆（原嘉定县博物馆），先后被评为"全国十大优秀地区博物馆"，获得"全国博物馆十大陈列展览精品奖"。

　　20世纪70年代末到80年代初，嘉定博物馆开始复馆筹建。之前"文革"期间，文化、图书、博物三馆被合并在一起，叫做"文化三馆"，后来又重新分开了。当时的嘉定博物馆设在嘉定孔庙里，参与复馆的人员不多，来自各个单位调派，绝大多数是教师，还有文化系统的一些老职工，他们的首要职责就是筹备一座博物馆。

　　博物馆到底怎么搞？"文革"时期"文化三馆"里也举办过各种各样的展览，但是博物馆成立以后要有自己的基本陈列。当时基本陈列的概念就是要全面展现嘉定的历史、嘉定的文物收藏、嘉定对文物的研究。80年代末，时任上海市文管会委员的黄宣佩，开始介入了筹馆工作。

　　博物馆的陈列，必须建立在扎实深厚的研究基础之上。黄宣佩经常带着一些专家来到嘉定，包括研究上海地方史的老专家杨嘉祐和吴贵芳等，一同来给工作人员补课，分门别类地讲授嘉定的历史、上海的历史、上海的成陆过程、上海的地下文物和地面文物，等等。黄宣佩精心设计了课程，不只是简单讲课，而是采用座谈的形式，启迪学员们对现有知识加以深化和拓展，让他们获益匪浅。同时带着他们实地考察嘉定的地面文物，给学员讲解这些古迹是何时发现的，出土了哪些文物，这些文物有什么历史意义。通过研究文物，才能了解其所蕴含的历史价值和收藏价值。黄宣佩还要求学员必须通读县志。县志都是文言文，读起来非常累，但经过一段时间的学习，博物馆的工作人员对嘉定历史有了直观了解。许多嘉定出土的文物都保存在上博的库房，黄宣佩带着嘉定博物馆的工作人员进入库房观看，有些同类型但不是嘉定的文物，也取出一起比对，拓展他们的视野和知识面。事实上，黄宣佩的主要目的是在培养专业队伍，拓展干部的业务能力。他经常说，要搞好一个博物馆，就要搞好博物馆的陈列，博物馆的意义在于收藏文物、展示文物、研究文物，这些都是博物馆的功能。

嘉定孔庙，过去被称为"空庙"，因为这里留下的文物非常少。不过另一方面，孔庙建筑本身是一个大文物，对观众有着吸引力；在孔庙里举办科举文化方面的展览，应当是个很合适的题材。这一思路来自于偶然迸发的灵感，当时嘉定博物馆向上海市历史博物馆借展了一批科举考卷，在孔庙的明伦堂里布置了一个展柜展出，作为基本陈列的补充。由于展柜空间有限，考卷没法摊开，这就引起观众们的好奇，越是卷起来的东西，就越是想打开看一看究竟，要求将卷轴打开展示的观众呼声相当高。既然这样，黄宣佩和大家商量干脆专门举办一个主题陈列吧。在市文管会的支持下，国内第一个系统展示科举文物的陈列就此诞生。

起初"科举考试"只占博物馆基本陈列的很小一部分，但这个板块很受观众欢迎，于是有了策划科举陈列馆的设想。这一想法得到黄宣佩的支持，他提出博物馆陈列不能是简单的文字解说，要以文物展示为主，让文物说话。原先嘉定博物馆只打算搜集明清时期嘉定300多位进士的资料，黄宣佩让他们把视野放宽，到全国各地征集科举方面的文物。博物馆工作人员本打算自己动手设计陈展，黄宣佩提出展览至少要做到五至十年不落后，不能昙花一现，制作上要精良，必须精挑细选专业的设计团队。黄宣佩经过比较考察，推荐了一家设计公司，它的原班人马是上海美术设计公司的优秀设计师，果然最终的展陈效果非常出色。

经过数年的筹备，博物馆工作人员摸清了库藏文物，并借调了上海博物馆的一些文物，完成了基本陈列大纲，财政经费的申请也获得批准。1991年2月，嘉定博物馆的"嘉定古代历史陈列""嘉定竹刻艺术陈列"和"科举文物陈列"开幕。为了扩大影响，黄宣佩请来上海博物馆马承源馆长和汪庆正副馆长出席开幕式。当时恰逢上海举办全国博物馆工作座谈会，一时间嘉定博物馆在业内广受赞誉。1994年，嘉定博物馆被评为"全国优秀社会教育基地"。

在嘉定博物馆展览开幕式上讲话

科举陈列一炮打响，专业而且出色的展陈吸引了全国各地乃至世界各国的观众。经过第三轮改建，嘉定孔庙正式改建为中国科举博物馆。2007年，"科举陈列"获得由国家文物局颁发的第七届"全国博物馆十大陈列展览精品奖"。经过十几年的努力，在黄宣佩的支持和指导下，嘉定博物馆拥有了较为完整的文物资料序列，探索出一条创建有特色的地方博物馆之路。

今天上海市域内各区博物馆的整体布局和特色规划，依然是在黄宣佩当年绘就的蓝图上继续发展。视野决定胸襟，黄宣佩的高瞻远瞩、秉持公心、真抓实干，于宏观处见气度，于细微处显匠心，着实令人感佩。

高立意传播中华灿烂古文明

担任上海博物馆副馆长以后,黄宣佩承担起了更多的馆务工作。从1982年年底开始,他几乎每年都有一到两次带领团队出境出国举办文物展览,开展学术交流与考察活动。通过这一系列的文化交流,向全世界传播中华文明。

1982年初,接待美国旧金山博物馆馆长,在上博陈列室内观看汉代透光镜(左一)

1982年12月，在香港举办中国青铜器展（左二）

  1982年底到1983年4月，黄宣佩率队前往香港艺术博物馆，筹备"上海博物馆珍藏中国青铜器"展览。这是他成年后的第一次出境，从长期实行计划经济的内地，来到开放的市场经济的香港，反差感特别强烈。对黄宣佩来说，到香港也是一次故地重游，有些地方还能勾起黄宣佩童年的记忆，有的地方则早已沧海桑田、焕然一新了。除了每天检查一次展览的文物，黄宣佩还跑遍香港九龙的各个寺庙等名胜保护地考察古迹，与香港的大学教授探讨学术问题，与收藏家交流文物鉴赏。为了让更多香港市民了解上海，了解中国的古代文明，黄宣佩应香港历史博物馆之邀作了"上海考古""中国长江下游太湖地区新石器时代考古发现"等报告。这也为1992年在香港博物馆举办"上海博物馆馆藏良渚文化珍品展"和"良渚文化研讨会"奠定了基础。

  1984年5月，黄宣佩率队前往美国，负责"六千年的中国艺术展"的巡展。这是上海博物馆于1983年5月在旧金山亚洲艺术博物馆举办的一个大展，随后到旧金山、芝加哥、休斯敦、华盛顿四地巡回展出。此次黄宣佩赴美，是为接续巡展相关工作，在休斯敦和华盛顿布置展览，再将展品运送回国。展览在美国引起轰动，展期长达19个月，观众多达82万人次。后来黄宣佩回忆，休斯敦艺术博物馆的停车场车满为患，观众只能把车停在远处，步行进馆。购票排成长队，因为人流量太大，在陈列馆里还得继续排队。展出的最后一天，观众近3500人次，直到离闭馆只有十几分钟的时候，还有观众匆匆赶来买票参观。休斯敦当地各大石油公司都借展览场地举办派对，据说休斯敦的名人中，谁如果没有看过展览，与人见面时就缺乏谈资。8月，展览来到华盛顿的美国国家自然历史博物馆巡展，计划350人规模的开幕酒会邀请函因博物馆赞助者不断来电索取，又增发了200份。展览参观人数最多的一天，参观者多达5000人次，观众反响热烈，纷纷表示"展览太美了，真希望是长期陈列而不是临时展览"。这次展览也获得了美国"艺术特别成就奖"。

在休斯敦成功举办展览和进行学术交流，黄宣佩个人荣获了休斯敦市长颁发的荣誉市民证书。

黄宣佩安排的出国行程非常紧凑，除了展览本身的

接受休斯敦市长颁发荣誉市民证书

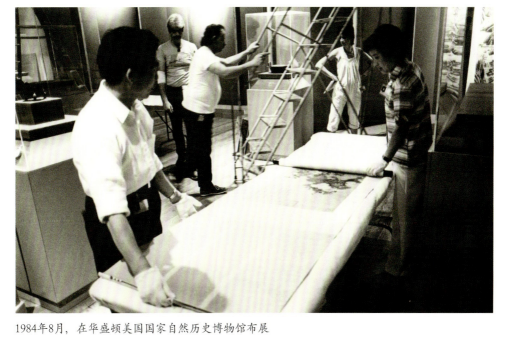

1984年8月，在华盛顿美国国家自然历史博物馆布展

1984年8月，在华盛顿"六千年的中国艺术展"开幕式记者招待会上发言

工作外，他还受邀在纽约的亚洲协会博物馆作题为"中国太湖地区新石器时代玉器"的学术演讲，纽约的各大博物馆专家及大拍卖行和大学的中国文物专家都出席聆听。演讲内容非常精彩，著名考古专家张光直特地邀请他前往波士顿的哈佛大学再演讲一次。在华盛顿大学，黄宣佩演讲了"六千年中国艺术鉴赏"；在马里兰大学，他又演讲了"上海博物馆的陈列"。为了让美国人以及居住在美国的华人了解中国的发展和上海最新的考古发现，黄宣佩接受了《华盛顿周报》等媒体的

采访，并为美国《北美日报》撰文《"六千年中国艺术展览"中的上海地区的考古发现》。在《华盛顿周报》的采访中，黄宣佩谈到对长江作为中国文化发源地之一的看法。当被问及如果大陆与台湾统一，将如何处理保存在台湾的精美文物时，黄宣佩说，这些文物在台湾同样发挥着教育下一代的作用。

1988年，黄宣佩率队前往联邦德国，参加在汉堡工艺美术博物馆举办的"中国艺术——上海博物馆藏文物展"开幕式，并在博物馆作了题为"灿烂的中国新石器时代良渚文化"的学术演讲。

20世纪的八九十年代，黄宣佩作为上海博物馆的副馆长，多次率队前往美国、德国、日本、苏联等国家和地区举办展览，进行学术访问和演讲，加深了上博与海外博物馆的联系和交流，同时也向世界介绍和传播了中华古代文明，尤其是长江中下游灿烂的史前文明。

1986年，参加虚白斋珍藏书画精品展开幕式

1989年9月，在苏联莫斯科国家艺术博物馆与苏联专家座谈

1995年，在日本佐贺古田町中国陶瓷名品展上

1996年，在台北"故宫博物院"与院长秦孝仪交流

1997年，在台北"中央研究院"历史语言研究所与张光直教授进行学术交流

专用心学习国外先进新经验

每次出访，除了办展和举办学术讲座外，对于黄宣佩而言另一个收获就是考察各地的博物馆和考古遗址。

1984年，黄宣佩亲眼目睹了当时美国先进的博物馆陈展设计和藏品保存技术，亲身感受了西方博物馆文化。在他的日记里，点滴记载了每天考察的心得，为他日后指导博物馆建设积累了丰富的经验。

参观休斯敦艺术博物馆的时候，黄宣佩注意到这座博物馆的设计非常精美，环境布置注重艺术感，让人有站在庭院内一样的感觉，周围高大的木本植物其实是盆景栽培，只不过在根部上面以铅丝网分隔，并铺以细草，就似地上生长一般。每个展柜展出的展品少的只有一件，最多也不过三件，还有不少可以四面鉴赏的中心柜，既突出，又给人以充分的观赏空间。对比之下，黄宣佩感到当时上海博物馆的陈列形式太过拥挤。休斯敦艺术博物馆的大玻璃窗以厚厚的幕布遮掩，能够透光，但过滤了日光，室内则采用人工光源。上博在休斯敦举办的"六千年的中国艺术展"展览的静态、动态陈列方式很棒，有上海古遗址分布图、三期古文化典型器物示例、青铜器各期器形演变示例；有明、清两代王朝的简介和年表，明清画家（派）地域位置图，传统中国绘画里山、水、树的用笔介绍；还有上海市景照片，等等，让观众能非常直观地学到知识。不过黄宣佩也注意到个别展品有摆放不当的现象，例如一件玉戈的锋尖朝下，失去了勾兵的感觉（戈靠钩杀、琢击以制敌，称为"勾兵"）；而另一件青铜簋的底座下有个铃铛，展示时没有显露出来。

黄宣佩留心记录了博物馆的对外开放时间、休息时间和票价，他发现博物馆里既有出售的展品图录，也有免费赠送的简介。尤其是语音导览器，引起了他的注意，这台听筒式的机器能够自动播放录音，当观众进入展柜旁边划定的线内，听筒便会自动讲解。这些为观众服务的先进理念和技术，给黄宣佩留下深刻的印象。在与休斯敦艺术博物馆工作人员的交谈中，黄宣佩详细询问了博物馆内人员的职位层次和分工职责，在一次调节展柜温湿度的工作中，他惊奇发现这项工作由东方部提出意见，保管部负责搬动文物和放置干燥剂，陈列设计部负责密封展柜，三个部门会同工作，分工明确，没有扯皮。临走前，黄宣佩还特意了解了上博这次展览的收支情况，据说展览收入超出预期50%，而以往一般的展览收入，只能达到支出的1/3不到。

参观华盛顿美国国家自然历史博物馆时，黄宣佩与人类学部进行交流。人类学部下设征编收藏和修复两个组，征编收藏组的正式工作人员只有12人，不少人经常外出征集。他们拥有一个非常大的库房，在工作人员的陪同下，黄宣佩入库参观。他发现藏品编目的方式和条目与上博相似，按照不同地区和文化，同时也参考质地进行分类。部门内的12名工作人员都可以自由出入库房，只需在入库前用门口的电话告知保卫部门入库的人数、姓名和时间，保卫部门就会按钮开门，出库亦是如此。不过文物的出入库都要填写表格，陈列、借展文物还要经过研究室的专家同意。修复组的权力很大，所有展出的展品都要经过他们事先查看，得到同意才能展出。

美国的考古工作也是黄宣佩重点的考察对象，他前往德克萨斯州公路局的考古部交流，了解最近一次公路工程中的考古发掘。据介绍发掘面积180平方米，深约3.5—4.5米，自下而上年代依次为距今10000年、7000年和6000年。黄宣佩询问有多少人花了多少时间从事这项发掘工作，被告知180平方米的考古工地由12人（主要5人参与）工作了27个月，使用的也是小铲子和竹签、小畚箕。黄宣佩仔细地观察幻灯片，他注意到在一个距今1万年的墓葬里好像有浅坑，骨架变曲，侧身曲肢，仿佛一个婴儿在胎中的姿态。这些墓葬都没有出土陶器，出土的石器主要是细石器箭头。也有一些带绳槽、类似吊坠的石器，不过都是距今数千年的，时代较晚。黄宣佩很关心墓葬有没有墓圹，以及石器的穿孔方法。他们曾经对人骨和某些动物骨骼做生前含物测定，在人骨架胃部发现一条长约两厘米的小骨刺，好像这是此人生前最后进食的食物，这让黄宣佩赞叹美国同行的工作非常认真细致。

1988年在联邦德国办展时，黄宣佩受邀到蓝茨霍脱考察。一位遥感考古学家安排黄宣佩乘坐飞机作了一次飞行考古调查。这架小飞机是考古学家的私产，只能乘坐4人，飞机沿多瑙河飞行了一段时间，高度仅五六百米，山顶上的古堡、河中的游艇都看得清清楚楚。飞行一小时左右，到达目的地的上空，飞机下降到三百米，就在一片目标上空绕圈飞行。黄宣佩俯视观察，在新耕的农田上看到一个个长方形和正方形的影子，清晰显示出地下古遗址和古墓葬的具体位置。飞机绕圈飞行，德国考古学家不断在拍摄和记录，眼睛朝下观看，非常吃力，黄宣佩已感到昏昏沉沉了，虽然没有晕机，但也是满脸通红。德国专家看到后，就在附近机场降落。大约休息了半小时，再次起飞，又观看了一番，这才返回。据说像这样在空中进行遥感考古，这位德国专家还是第一次接待中国人。

之后在科隆参观13世纪大教堂下的考古发掘，这也算是考古界的罕闻。科隆大教堂高约百米，石质建筑，教堂顶端安置大钟，敲钟时声闻十余里。考古人员就在这一庞然大物的底座下进行考古发掘。黄宣佩前去参观的时候，考古工作正在进行，他被特别允许入内参观。德国专家引导着从地下室开门进入，只见承重处都用水泥立柱顶住，在中间部位开挖，已经探寻到古罗马的城墙、街道、水井，清理了两座贵族的墓葬。

黄宣佩一行在联邦德国还参观了各种类型的博物馆，汉堡工艺美术博物馆、不莱梅军港的船史博物馆、海盗博物馆等，都让他们大开眼界。尤其是船史博物馆，室内陈列了历史上古船的部件或模型，馆外码头停泊了一艘16世纪的古船，船内设有餐厅，可以享用午餐，这让黄宣佩意识到当代博物馆里设置休闲区域、提供公共服务的重要性，同时也对如何策划船史博物馆有了参考。

著鸿篇举办古玉器研究盛会

2000年11月10日，黄宣佩办理退休手续后，作为考古专家又被博物馆返聘。自1952年进入上海博物馆工作，到2000年退休，黄宣佩见证了上博从开馆到新馆建成的历程。加上退休后再返聘5年，这53年里除了很短的时间外，黄宣佩几乎没有离开过博物馆，他对上博有着很深的感情。

2002年是上海博物馆建馆50周年，经过讨论，博物馆决定采用发布学术研究成果的方式来庆祝，并计划在馆庆时连续召开几次重大的国际学术研讨会。当时黄宣佩正在主编《上海出土唐宋元明清玉器》图集，由于以往的古玉研究中很少有人注意唐以后的玉器，但这一时期的古玉数量多而且精美，所以上海博物馆以此为契机，决定召开"中国隋唐至清代玉器学术讨论会"。

上海博物馆拥有丰富的玉器藏品，其中包括一批史前时期的玉器。由于这些馆藏文物都是传世品，没有确切的出土地点，缺乏断代依据，里面很可能混杂了一些年代上有疑问或是文化归属上不确切的藏品。黄宣佩和工艺部的同仁一起开展了早期玉器的研究，逐件研究玉质、制作工艺、玉料的来源等。在研究中，黄宣佩常以各地出土文物作为依据来进行探讨和比较，对工艺部有很大的帮助和启发。从1989年起，黄宣佩带队前往各地

1991年，在新疆和田考察玉料

考察，先是在河南南阳独山玉矿了解玉质、玉脉、山脉，之后又到辽宁省岫岩县考察采集了岫岩玉标本。1991年，他带队到新疆和田考察。玉龙喀什河是一个出产和田玉的地方，他在考察中拜访许多老乡，调查各种玉料，有成品也有标本，还带着一些馆藏的唐代玉器的照片，与大家一起探讨其是否属于新疆的和田玉。这次考察让大家对所谓的山玉、籽玉，或称为"山料"和"籽料"（长期受到河水冲击，质地纯净细洁的玉料）的玉料，在认识上有了很大的提高，同时也采集到一批玉料标本。经过这几次的实地考察，对上海博物馆研究玉器的玉料以及相关问题，都有莫大的帮助。

"中国隋唐至清代玉器学术讨论会"自1999年开始筹办，黄宣佩带领专业人员历时两年，赴陕西、浙江、四川、辽宁、黑龙江等10多个省、市文物单位参观考察，并向各单位商借唐、五代、宋、辽、金、元、明各代的出土玉器。黄宣佩一行在内蒙古考古所考察出土的红山文化玉器，看到许多稀见的或者尚未公开发表的出土文物，大家一起研究、探讨，很有收获。他们一行又来到青海、甘肃考察齐家文化玉器，上海博物馆藏有许多齐家文化玉器，但这批藏品是否属于齐家文化的典型器，一直存在着疑问。考察归来后，黄宣佩坚持和大家一起对馆藏玉器重新进行断代研究，反复鉴定。他始终强调要接触考古界的新发现，关心全国各地考古的最新成就，这是学习上的需要，也是工作上的需要。经过实地考察，上海博物馆的研究人员对不同时期的玉器有了全面的了解，尤其是在鉴定真伪和断代方面获得了长足的进步和提高。

2001年，由黄宣佩主编的《上海出土唐宋元明清玉器》正式出版。同年，在黄宣佩的努力和协调下，上海博物馆特向全国有关省市商借了一批早已出土，但从未对外发表的这一时期的实物，以作研讨会时的借鉴。2001年11月20—22日，上海博物馆召开"中国隋唐至清代玉器学术讨论会"，国内外大批古玉研究专家踊跃参加，成为古玉研究史上的一次盛举。会议期间，与会者能看到100余件各个时期最具代表性的典型器，都觉得十分震撼。尤其是南宋、辽、金时期的玉器，以往传世品很少，考古出土的也不多，这些观摩品都是还没有对外公开展出过的最新考古资料。讨论会上展开了广泛的交流,推进隋唐至清代玉器的研究,提高了人们的重视和认知程度,也为今后的学术发展奠定了良好的基础,展现出中国古代玉器研究的广阔前景。

秉初心筹建考古遗址博物馆

黄宣佩理解的考古学研究,一定是要了解考古的目的。研究历史,一方面可以通过古人的文字记载,另一方面是依靠考古。文字记载有一定的年代局限,文字出现以前的历史无法了解,考古目的就是研究缺少文字记录的历史。如果放弃历史研究,纯粹为考古而考古,整天只跟古代文物打交道,那就意义不大了。因此黄宣佩所做的钻研,不仅限于对上海地区的考古,更包括对上海历史的研究。他将上海的历史从1600多年前的小渔村,上推到崧泽、马桥时代。文物本身不会说话,是黄宣佩让上海考古发现的文物说出了上海的历史故事。

从1961年至今,崧泽遗址已进行了持续半个多世纪的发掘、保护和研究。由于其重要的历史意义,1977年,崧泽遗址被定为第一批上海市重点文物保护单位。在这个有着特殊意义的地方建一个遗址博物馆,讲述上海历史之源的故事,展现上海考古人的足迹,是黄宣佩的一个夙愿。早在20世纪八九十年代,黄宣佩等一批专家学者,以及上海市的人大代表、政协委员就提出了筹建崧泽遗址博物馆的建议,有关部门也有过积极回应,但由于一些客观原因,计划被搁置了。直到2000年1月又重启,筹建工作确定由黄宣佩主持。2003年,崧泽遗址博物馆正式立项。

为了筹建这座博物馆,黄宣佩率队到各地考察调研,他的足迹踏遍浙江、辽宁、陕西,参观了新乐遗址博物馆、半坡遗址博物馆、法门寺、乾陵、章怀太子墓、永泰公主墓和兵马俑博物馆等,学习已有的遗址博物馆的建设经验。2003年以后,他多次主持崧泽遗址博物馆的筹备工作会,讨论包括馆舍设计等方案,商谈复原崧泽遗址发现的古人人像事宜。2009年3月,黄宣佩还来到青浦赵巷,为"崧泽文化陈列室"题字。

黄宣佩认为，考古的目的是研究古代历史，应该从两个方面入手，一是文物，一是遗迹。一般说来，要构成一个历史遗迹，需要多次发掘，综合起来研究。所谓的遗迹，是古人居住的房子、埋葬死者的墓葬等，古人的房子究竟什么样子？古代人的墓葬又是什么样子？了解这些方面，才构成考古学研究的要素，这是需要综合展示给观众看的。按照黄宣佩他们当时的设想，崧泽博物馆将由四个核心部分组成，包括考古文物的陈列室、先民生活居住区、先民生产区，还有一个先民墓葬区。其中第一部分的陈列室可以视为序厅，是对崧泽古文化遗址总的介绍，展出出土的石器、玉器、骨器、陶器、稻谷等实物，以及一些实物的复制品，尤为重要的是依据出土的人骨复原出"古上海人"。后面三个区域，则能凸显遗址博物馆的特色，还原远古先民的生活和生产方式。

可惜的是，由于各种原因，筹建工作至2006年搁浅。好在好事多磨，上海市文物局成立后，崧泽遗址博物馆于2011年再次启动筹建，作为上海市"十二五"期间的重点文化项目之一，博物馆于2012年开工建设，2014年5月18日建成开放。遗憾的是，黄宣佩最终没能等到亲眼看见心愿成为现实的这一天……

崧泽遗址博物馆项目占地面积13000多平方米，建筑总面积3600多平方米，主展厅面积900平方米。博物馆建筑设计方案主题为"历史的剪影、聚居的村落"，充分体现了"现代风格、传统底蕴、原始符号"的遗址博物馆特点，契合青浦周边江南水乡的人文地貌及水系纵横的自然地貌。走进博物馆大门，首先印入眼帘的便是序厅中巨大的浮雕墙，古铜色浮雕描绘的崧泽文化器物和银色剪影表现的现代上海天际线和谐相融，表达的正是现代化大都市上海拥有古老的文脉。主展厅由"发现崧泽遗址""体验崧泽社

"上海第一人"复原形象

会""传承崧泽遗产"三部分组成,通过对考古材料的研究、解读,以现代的展览语言和展示方法,呈现了崧泽先民创造的物质文化,还原了他们的生产和生活方式,贴近了他们的信仰和精神世界。1961年发现的"上海第一稻"(是中国考古工作中首次发现的有明确地层依据的炭化稻谷)、1987年发现的"上海第一井"(是中国最早的直筒型水井之一)、2004年发现的"上海第一人""上海第一房"等,也都得到了重点展示。这样的展示内容,实现了黄宣佩通过考古资料还原古代历史的设想。

"古今崧泽"是展览的一大亮点,使用等比例的造景、模型、雕塑、幻影成像等方式,在同一空间维度上进行时空交错的穿越,将崧泽先民的生活环境与上世纪60年代考古学家的工作场景融合到了一起,生动展现了这片土地的沧桑变迁。这里还有个小彩蛋——幻影成像短片主角的原型,正是年轻时的黄宣佩先生,博物馆以这样的方式,向栉风沐雨的开拓者致以敬意。

崧泽遗址博物馆开放以来,四年累计参观人次逾30万,接待专家学者、各界嘉宾、外国友人数十次;推出文创产品系列,举办临时展览、流动展览16次;组织社教活动44次,与多所学校、单位签订共建协议,学生社会实践、志愿者工作有序开展。崧泽遗址和崧泽遗址博物馆,凝结着上海几代考古人和文博人的付出与热忱,并将继续薪火相传,在更广、更深的层面上发挥其社会、文化价值。

传薪火倾力支持高校博物馆

黄宣佩馆长与上海大学有着一段缘分。

20世纪80年代,上海大学聘请黄宣佩担任文学院的兼职教授。1987年,一批上大的学生跟随上海博物馆参与了由黄宣佩主持的福泉山遗址考古工作,部分出土文物调拨给了上海大学历史系作为教学标本,后来成为了上海大学博物馆的藏品。

2011年5月,上海大学博物馆馆长谢维扬教授邀请黄宣佩先生出任名誉馆长。自受聘后,黄宣佩不顾年事已高,数次提出要率队前往浙江、江苏等地文物考古部门,帮助联络藏品征集和调拨事宜,争取各方面的支持。虽然最终未能成行,但他还是在家中带着博物馆的工作人员一起搜集整理马家浜、崧泽文化的文物照片、文献资料,指导他们制作了两本图册,为博物馆鉴定一批社会人士捐赠的良渚玉器,为博物馆征集藏品、设计陈列奠定基础。这年秋天,黄宣佩患病入院治疗,每当病情好转回家休养时,都让博物馆的工作人员到家里商议博物馆的筹建事宜,并继续指导完成了崧泽文化部分的资料整理。遗憾的是,良渚文化和马桥文化部分未及完成,黄馆长就永远离开了我们。

1996年,与参加考古培训的上海大学学生合影

2012年3月,指导上海大学博物馆工作人员整理资料

病重期间,黄宣佩留下遗愿,要将毕生藏书捐赠给上海大学博物馆。去世前夕,他还特意叮嘱子女将其生平所藏图书、资料,悉数捐赠上海大学博物馆。

黄宣佩的藏书,共计399种475册,期刊1321册,会议文件2种。其中以中文书刊为主,并有英、日、俄语等图书。图书主要包括三类:其一为考古学,其二为玉器研究,其三为上海史。出版年代最早的,为民国二十七年(1938年)施昕更所著的《良渚》。黄宣佩毕生致力于考古专业,系统收藏了《考古》《文物》等考古类期刊10余种1000余册,各类考古专业书籍160余种。藏书尤重长三角地区考古研究,除由他领队发掘崧泽、马桥、福泉山等遗址时撰写的《崧泽——新石器时代遗址发掘报告》《马桥——1993—1997年发掘报告》《福泉山——新石器时代遗址发掘报告》外，还收藏了浙江的河姆渡、钱山漾、南河浜、良渚遗址群，江苏的龙虬庄、北阴阳营、邱承墩等遗址的发掘报告，以及《浙江考古精华》《江苏考古五十年》等图书和《浙江省考古研究所学刊》等期刊。

黄宣佩还精于良渚文化玉器的研究，他对上海地区乃至全国范围尤其是新石器时代的玉器都有相当深入的研究，撰有《良渚玉器变白之研究》《上海出土唐宋元明清玉器》《略论我国新石器时代玉器》《齐家文化玉礼器》等论著，在海内外影响很大。在他的藏书中，玉器方面的书籍占有相当比例，共计约40余种图书，并有《玉文化论丛》等期刊。担任上海博物馆上海历史研究部副主任期间，黄宣佩曾主持筹建青浦、嘉定、松江、奉贤等区县的博物馆，主持修缮上海市重要文物保护单位，因此藏有一批青浦、松江等地区的地方志，以及关于吴越文化的书籍，计有40余种。

此外，黄宣佩还藏有博物馆研究、文物研究、学术文集、学人日记、纪念文集等各类书籍、期刊。所有书籍的扉页上，均钤有"黄宣佩藏书"章。

斯人已逝。黄宣佩先生捐赠的藏书，将为上海大学博物馆的发展奠定专业基础，并在博物馆的学术研究领域发挥重要作用。这也是今天的后继者们纪念、告慰这位将一生都贡献给了考古文博事业的老前辈的最好方式。

四

成就斐然树灯塔

一四八

（四）成就斐然树灯塔

循着海岸
攀上山冈
岁月的秘密在这里深藏
无数个日夜
鸟鸣声中劳作
潮响伴着梦乡
直到有一天
你看见
留下足迹的是海岸
露出笑容的是山冈

发现最悠久的上海和古代历史文化瑰宝

揭示上海古海岸线与成陆年代

推动良渚文化研究理论和方法取得突破

构建长江下游地区史前考古学文化谱系

深入开展古代玉器研究

先行实践中国公众考古

20世纪卓越考古学家

展示寺前村遗址出土的双层镂空灰陶壶（1990年）

发现最悠久的上海和古代历史文化瑰宝

与近代以来所有离开故土来到上海的人一样，黄宣佩在这新的家乡扎根，成为上海人，热爱着上海。

与其他大部分离开故土来到上海的人不一样的是，黄宣佩用他卓越的工作，发现了上海的根脉，改写了这片土地的历史。

根据晋代建沪渎垒的记载，上海在距今1600多年前只是一处滨海渔村；另有春秋时期吴王寿梦筑华亭的传说，上海曾是吴王的狩猎休憩地。历史再往前推，就无据可查了。1961年发掘的青浦崧泽遗址，第一次在本地区发现了距今6000年左右的马家浜文化遗址。此后，在青浦县福泉山下层和金山区的查山下层也有这类文化遗存的发现。黄宣佩用手中的手铲，发掘出了一个远远超出前人想象而又无比真实可见的古老上海。

马家浜文化以首次发现于浙江嘉兴的马家浜而得名，是中国长江下游太湖地区现知最早的新石器时代考古学文化之一。黄宣佩等人研究发现，这一时期古人的住地是亚沙土，而其周围为沼泽泥，古人是在沼泽环境中择高地居住的。根据马家浜地层土样做的孢粉分析，获知距今6000年左右的古上海，在佘山、凤凰山、天马山等地有茂密的常绿和落叶阔叶的混交林，平地上多湖泊沼泽，气候温暖湿润，气温比目前约高2℃—3℃，与现在的浙江省中南部相近。

上海地区马家浜文化出土的动物骨骼种类很多，有猪、狗、牛、獐、梅花鹿、四不像以及龟、青鱼、蚌、蛤等。其中猪骨的牙齿磨损不严重，猪龄不大，经鉴定属于家猪。这些反映了当时自然资源丰富，渔猎在当时的经济生活中占比较高，同时家畜饲养也有稳步发展。在崧泽遗址发现了两口井，被誉为中国最早的水井。这两口井位于多水沼泽地带，在多水沼泽地带挖井，是为了取得净水，与稻田灌溉、玉器加工等生产行为有关，也说明古人已经考虑改善饮水的条件了。最突出的是，在一个灰坑（地窖）中发现了许多已经炭化的稻茎和谷粒，经鉴定其属于籼稻和粳稻，都是人工培植稻，在当时

崧泽遗址出土的马家浜文化粳稻和籼稻谷粒

是全国最早的古水稻标本。这说明距今6000年前后,上海地区的古人已经种植水稻了。崧泽遗址发掘中对这类植物遗存的重视对后来我国各地的考古工作提供了重要启发,考古工作者发掘时不再只是关注陶器、玉器之类的文物,而是对动植物遗存、土样等都注意提取,并陆续在浙江、江西、湖南等地的遗址中发现了年代更早的栽培稻遗存,为我国是水稻起源地的学术观点提供了有力的实证资料支撑。

当时的生产工具主要是石器和骨器,石器中的石斧呈长方梯形,采用磨制工艺,并以琢凿方法穿一孔,可以装柄;骨器有镞、锥、凿等,利用动物的肢骨或角制作。古人们已经使用陶轮快速旋转拉坯成形的先进制陶工艺,这是我国陶瓷工艺史上最早的使用轮制法制陶的例证。长方框的陶炉箅中间有三根炉条,两端各有一环形把手,使用灶及炉条,说明古人已经注意到了防风和透气,使燃料充分燃烧。这一切都可说明上海地区在远古时期,经济和文化方面都处于全国发展的前列。

崧泽遗址出土的马家浜文化陶釜

陶炉箅

陶釜、陶炉箅使用示意图

上海崧泽遗址马家浜文化的发掘和发现,复原了上海最早古人的生活情况,使上海的历史推前到距今6000余年前。

除了追溯上海历史的源头,整个数千年上海古代历史的发展线索和各个时代的上海真实的样貌,也是黄宣佩始终孜孜以求地探索、解答的问题。经过半个多世纪,黄宣佩带领上海考古人,在上海调查、发掘了大量的古文化遗址,清理古墓500余座,其年代接新石器时代之后有夏、商、周、秦、汉、南北朝以至唐、五代、宋、元、明、清,各代齐全,证明上海这一片滨海地区,历史绵亘不断,他用得之于地下的实物资料,揭开了古代上海的层层面纱。

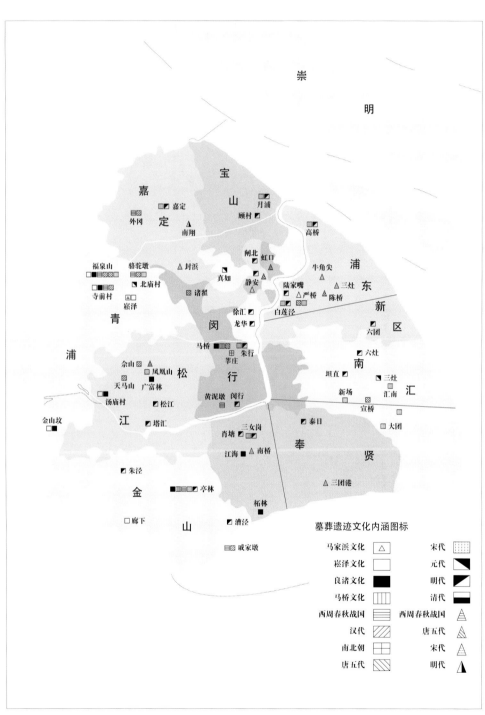

上海古代墓葬与遗迹分布图

上海古塔共有13座，黄宣佩主持维修了11座，包括唐代的石经幢，宋代的圣兴教寺塔、青龙塔、护珠塔、云翔寺砖塔，元代的法华塔、明代的西林塔、泖塔和李塔，清代的南门塔等，以修旧如旧，保持原有文物面貌为原则，受到国家文物局古建筑专家的赞扬。其中建于明正统年间的松江西林塔，修缮时在天宫与地宫中出土了玉器400余件，有炉顶、带钩、牌饰、发笄、持荷童子、兔、龟及春水秋山玉牌等。数量之多、制作之精，都属罕见，是研究明代民间玉器的一大收获。这些都是地面文物保护方面的成就。

唐经幢维修前后

松江唐经幢是上海地区现存最古老的建筑物，建于唐大中十三年（859年）。这座唐经幢共有21级，高9.3米。幢身八面，刻有《佛顶尊胜陀罗尼经》全文，并有题记。其余各级，如托座、束腰、华盖等部分，雕刻精致，有海水纹、宝相莲花、宝珠、卷云、力士、天王、菩萨、供养人及盘龙、蹲狮等。整个建筑高大美观，雕刻细腻，线条洗炼圆熟，人兽以至花卉均有丰满之感，具盛唐风格。为全国重点文物保护单位。

1996年，嘉定法华塔修缮时

嘉定法华塔修复后（右六）

　　嘉定法华塔，又名金沙塔，位于嘉定州桥老街。始建于宋代开禧年间，此后，明代万历年间，清代康熙、雍正、乾隆、嘉庆及民国时期均有不同程度的修缮。1996年1月，对法华塔地宫进行清理发掘，先后发现了宋、元、明三代的一批佛像、书籍、古钱、玉器等珍贵文物。1996年，按明代风格对该塔进行了修复。如今，老街已形成以一塔、二河、三街、四桥融为一体的江南水乡佳景。

西林塔修缮前后

　　松江西林塔位于松江区城西侧中山西路西塔弄，建于南宋咸淳年间，名"崇恩主塔"，俗称"西林塔"。明洪武二十年（1387年）重建，改名"圆应塔"。塔系砖木结构，七级八角形，现塔砖身尚完整，腰檐平座栏杆诸物已拆去，人民政府拨款修葺，西林塔已恢复昔日的原貌。

1994年，松江西林塔修复工地

秀道者塔修缮前后（右图右四）

  秀道者塔耸立于佘山东麓的绿坡之上，七层八面，砖木结构，高20多米，修长俏拔，亭亭如美人。此塔建于北宋太平兴国年间（976—984年），当时，山中有一庵，名曰：潮音庵，庵内住一修道者，名"秀"，亲自参与筑塔，塔成后引火，故名秀道者塔。塔座四周有围廊，塔身每层有南北小门可通。历千年风雨，塔身坚实，不偏不倚，造型秀美。1999年，秀道者塔修复竣工。

在卢湾区明代豫园主人潘氏家族墓群的清理中，出土了一套乐队、皂隶、侍从、轿夫等仪仗木俑及家具模型，具有很高的历史价值与艺术价值，尤其是床、椅、凳、柜等家具成为研究明式家具的典范。

木仪仗俑
明代
1960年肇嘉浜路潘允徵墓出土
高20—21厘米

墓内随葬一队45个木俑组成的仪仗，有伎乐俑14个、仪仗俑4个、隶役俑14个、侍吏俑2个、侍童俑3个、轿夫俑8个。这组木俑以官吏出巡阵容排列。木俑为杉木雕刻，造型朴实，比例匀称，通过对人物形象神态的把握，生动表现出各种俑像的气质心理，为珍贵的明代木雕工艺品。

木仪仗俑

木成套家具冥器

明代
1960年肇嘉浜路潘允徵墓出土
高6—36厘米

种类有床、立柜、箱子、大、中、小长方桌、大小长几、靠椅、衣架、巾架、盆架、马桶、桶座、脚盆、高脚盆等，从生活用器到室内陈设应有尽有，为一套完整的家庭陈设生活用器。如此齐全的明代木制冥器，是研究明代家具的重要资料。

木成套家具冥器

宝山月浦明朱察卿墓出土了一套文人书案用具，有笔搁、笔架、镇纸、砚台、水盂、水壶等，尤其是一件明代嘉定竹刻名家朱小松的"刘阮入天台图"透雕竹刻香熏，雕刻的草木山石层次分明，人物栩栩如生，是明代嘉定"竹刻三朱"中唯一见于出土的真品。

朱小松竹刻香熏
明代
1966年顾村朱守城墓出土
高16.5厘米

细长圆筒形，盖和底座用紫檀木制成，浮雕螭虎纹，螭虎卷曲成圆形。筒面刻"刘阮入天台"民间神化故事。在写有"天台"匾额的神仙洞府外，刻一颗盘曲的苍松。树下刘、阮对弈，一女子观看，半开的门洞口，站立另一手执团扇的女子，身旁有鹿、仙鹤、山石、长春藤等。栩栩如生的人物和幽邃缥缈的仙境，令人弃履还尘。刀法之工，为明代竹刻艺术的典范。

朱小松竹刻香熏

再如嘉定澄桥出土的一套十二本明成化说唱本,其中,《刘知远白兔记》是我国现存最早的传奇刻本,《花关索传》是研究《三国演义》不同版本的重要资料,其他尚有《包龙图断曹国舅公案传》《张文贵传》《莺哥行孝义传》《石郎驸马传》等。各书的插图都是国内现有最早的戏曲小说插图版画,对研究我国的文学、戏曲和版画史具有重要价值。

四 明成化说唱本
1967年嘉定区城东澄桥村宜家坟出土
版框11.5厘米×17.5厘米

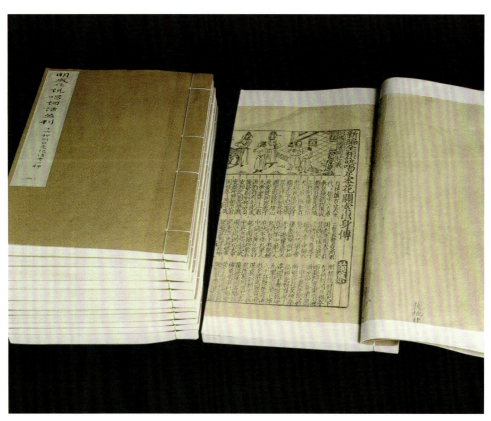

明成化说唱本

上海出土的文物中，包括新石器时代的青玉细刻神像飞鸟纹玉琮、冒镦组合玉钺、胎薄器表乌亮细刻旗形曲折纹与鸟纹的阔把翘流黑陶壶，战国时期楚墓出土的泥质郢爰、带彩绘附耳蹄足盖上有三只伏兽的陶鼎、器盖四角有凤鸟形出戟和彩绘的陶钫、彩色琉璃珠、琉璃璧等精美绝伦的珍贵文物。其他珍品尚有松江凤凰山出土、铸造工艺高超的春秋镶嵌变形兽体纹青铜尊，浦东新区川杨河工地出土的唐代大木船，嘉定封浜出土的宋代木船，宝山月浦出土的宋代黑漆碗、盘、盒和闵行区出土的明代印花布与木尺等。

芒刺蟠螭纹青铜尊
春秋时期
1965年松江凤凰山南麓出土
残高36.3厘米，口径24.9厘米

纹饰繁复精致，线条流畅，器身有芒刺，造型端庄典雅，具有春秋时期吴越青铜器的特征，为贵族使用的礼器。

鸟形四钮黄衣陶钫

战国时期
1986年福泉山遗址88号战国墓出土
通高53.8厘米

泥质红陶，钫又称方壶，敞口，口部加厚，长颈，高圈足，足缘加厚。覆斗形盖，上有四个小孔，可各安插一曲体鸟形钮。

彩色琉璃璧
战国时期
1986年福泉山遗址88号墓出土
直径11.5厘米，厚0.3厘米

　　乳白色。仿照战国早期玉璧制作而成。璧面应用剔地起凸法浇铸出谷粒纹和凸弦纹，一面谷粒较扎手，另一面谷粒纹近平。

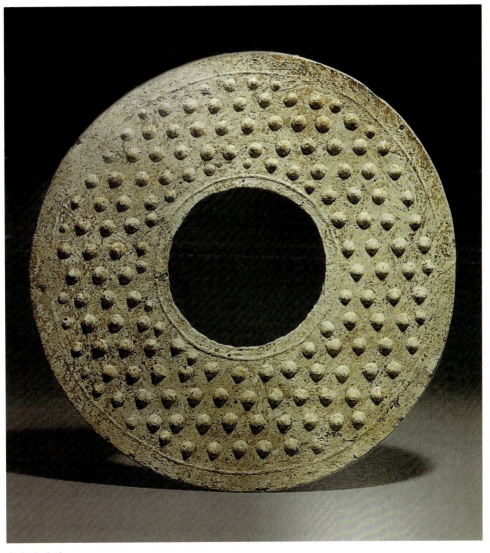

彩色琉璃璧

北蔡川杨河出土的唐船

1979年，位于砂带东缘的浦东川沙县川杨河发现了一艘唐代古船，由独木舟和两侧船舷板组成，可能是沿海渔船或散货船。船体结构和制造工艺较原始，是从独木舟向木板船发展的一种过渡形式，是研究船舶发展史的重要标本。对所在土层取样进行的地质分析则表明，木船废弃于海滩上，而非已成陆的小河流内。这些发现共同证明，该砂带应当就是唐代海塘的遗迹。

修复后的古船

嘉定封浜出土的宋代木船

1978年，嘉定封浜乡杨湾村出土了一艘多舱平底小方头木船，研究认为这是艘宋船，与宋史记载的"防沙平底船"很接近，船体内的舱位尚存七舱，舱内出土黄釉碗等物，这些迹象都显示南宋的特征。木船出土地点位于吴淞江古河道中泓附近，由此估算河宽约五里，证实当时吴淞江远比今天宽阔的结论是可靠的。

漆碗

南宋
1972年宝山月浦南塘村谭氏夫妇墓出土
口径16厘米,
高7.3厘米

卷片木胎,通体深褐色漆,有光泽、直口,圆唇,深腹,小圈足。

漆盘

南宋
1972年宝山月浦南塘村谭氏夫妇墓出土
口径13.1厘米,高3.9厘米

卷片木胎,通体深褐色漆,有光泽、敞口、撇沿,圆唇直腹偏内弧,平底,胎骨圈叠法制成。南宋常见的漆器。

蓝印花布被面

明代
1965年马桥镇三友大队明墓出土
长2米，宽1.7米

　　蓝印花布俗称"药斑布""浇花布"，是明朝时松江府著名物产，产品畅销海内外。松江棉纺织业从元初兴起，明代盛行，"松郡棉布，衣被天下"，成为全国棉纺织业中心。

木尺
明代
1965年闵行区塘湾乡明墓出土
长34.2厘米，宽1.5厘米

乌木质，等分十寸，各有刻度。同时出土的还有松江土布20匹及剪刀等。明代度量衡沿袭宋制，官尺由太府寺掌造，主要为征收布帛使用。

除了这些精彩的考古发现，黄宣佩还有一个重要的贡献可能显得不是那么亮眼，但其重要程度不应被低估——今天我们所见到的上海地下文物"地图"，都是黄宣佩年复一年，靠着双腿"跑"出来的，是他勾绘了上海古文化遗址的地理空间格局，奠定了上海考古学的基础。今天上海的大部分考古新进展，可以说都是在他的"地图"上于深度和广度进行拓展的结果。人们由此知道，上海不只是只有100多年历史的现代都市，也不是700多年历史的小县城，或2000多年前的蛮荒之地，而是自新石器时代开始至今生生不息，逐渐成长、繁荣的一块宝地。各个时代的"上海人"在这里续写着地方文脉，创造了独特的地域文化，也追求着精致讲究的生活。

揭示上海古海岸线与成陆年代

长江三角洲的发育、形成和变迁是我国地质学、地理学、历史学、考古学等学科的重要研究课题。从20世纪60年代起，陈吉余、匡萃坚、褚绍唐、杨宽、谭其骧等学者参与讨论上海成陆年代，他们更正了以往中外学者认为的长江三角洲几千年来都以同一速度向前推进的错误观点，但在具体地点的成陆年代上看法不一。黄宣佩也参与了这场讨论，他根据最新的科学考古发现，提出上海成陆于六千年前的观点。

黄宣佩根据市区地下多次发现的鲸鱼骨，论证了上海由海成陆的历史。但是在推断成陆进程的方法上与其他学者不同，因为上海成陆的因素既有长江水带来的泥沙在口岸外逐年的沉积，也有随着气候变化引起的海平面升降等，至于泥沙沉积的数量，古今也不一致。他认为远古时代长江两岸未被开垦，植被良好，被水流冲刷带至长江口的泥沙远远少于近现代，所以用现代沉沙量推算成陆进程的方法，显然是不科学的。

黄宣佩推断上海成陆进程的方法，是根据上海地区古文化遗址的考古发现论证的。通过调查发现，上海地下存在多条冈身，有关上海成陆年代的讨论，主要就集中在境内这几条古海岸遗迹的年代推断上。这包括：一、沙冈南起金山县的漕泾，经闵行区的马桥镇、青浦县的蟠龙镇，北抵吴淞江岸，在此线的地下有断续的砂带；二、竹冈，在沙冈东，南起奉贤县的柘林，经闵行区马桥东的俞塘村、诸翟镇，北抵吴淞江，此线的地下有断续的贝壳砂带；三、吴淞江以北的外冈冈身，南起吴淞江，经嘉定区的方泰、外冈，太仓县城镇，向西北方向延伸，其地下也有断续的砂带；四、传说中的捍海塘，南起奉贤县海边，经奉城西，南汇县的下沙、周浦，浦东新区的北蔡，宝山区的月浦、盛桥，北抵长江边，在此线的地下同样有砂带。黄宣佩认为，对于这几条古海岸遗迹的年代，在上海古遗址发现之前都推断得不准确。例如有人认为冈身以东城镇的建置年代并无早于汉代的，因此推断冈身的年代不早于距今两千年。也有人跟据唐代建捍海塘的长度120里，推算上海境内唐代的海岸线

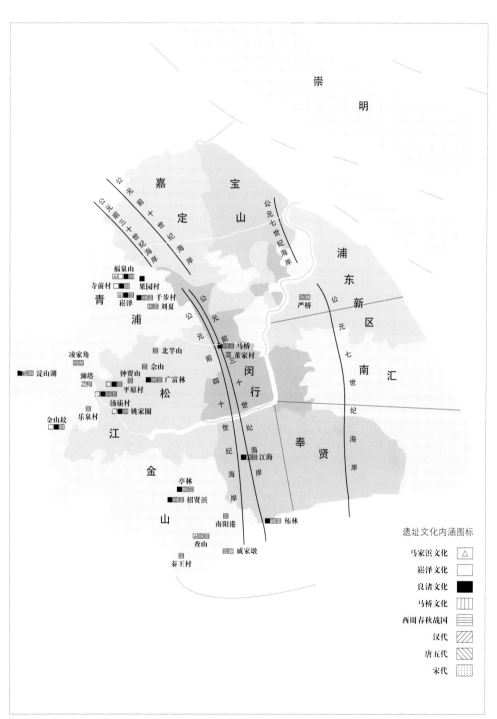

上海古文化遗址与海岸遗迹分布图

在柘林城东十里左右，经闸港，沿黄浦江北上，经龙华徐家汇东，抵曹家渡北的吴淞江边。以上的这些意见认为，上海大部分地区成陆于距今两千年以后，譬如市中心曹家渡、龙华以东等地区，唐代的时候还在水中。

1959年，黄宣佩在马桥古遗址的发掘和发现，打破了冈身是两千年前的海岸线的推论，重新认定了古代上海的海岸线。马桥遗址恰好建立在竹冈古海岸遗迹俞塘段之上，其下的由东南向西北延伸的贝壳砂层，最厚处达2米以上，并且西坡面斜直、东坡面缓斜，有三个波脊，呈现出海滩的迹象。通过碳14测定考古发现的贝壳年代，距今5680 ± 180年（经树轮校正，下同）。叠压在贝壳砂带上的古代文化层，自下而上有良渚文化、夏商时代的马桥文化、春秋战国时代的吴越文化、唐宋元明清的堆积层等。

黄宣佩认为，这就表明距今6000年前，竹冈一带尚在海中，但到距今4000多年前，竹冈上已经有人居住，并且建立了村庄。由于海边的土地必须在盐碱淡化和海浪的入侵远离之后才适合居住，所以竹冈古海岸的年代早于良渚文化，可以推断为距今5000年。考古发现竹冈上的遗址，除了马桥之外，还有奉贤县境内发现的江海和柘林两处。尤其是位于竹冈西的沙冈，6000年前的古遗址都分布在此线以西，所以其年代应当不会晚于距今6000年。这就把上海的成陆年代一下上推到了六千年以前。这是一个通过考古发现形成严谨的证据链从而获得有力实证的新推论，是其他学科仅仅依靠其自身学科的方法无法取得的新进展，考古学发挥了不可替代的重要作用。

后来的考古发现进一步证明了黄宣佩的观点，比如1975年浦东严桥开挖南张家浜河道时，发现了一处唐宋时代村落遗址，在下层出土了大批唐长沙窑、越窑的瓷壶、瓷碗以及盆、钵、罐等陶器和砺石、牛头骨等动物骨骼，在上层则发现了宋代的砖井和陶瓷器。1979年又在北蔡附近的陈桥发现了一条唐代的大木船，这条船是搁置在古代的沙滩上的，可以推断唐代的海岸线不在奉城闸港徐家汇、蟠龙一带，应在周浦、下沙、北蔡一线，今市中心区及浦东西侧。除此之外，市中心区历年来有一些重要的考古发现，如广中路菜场的地下发现了南朝时代上下相合的一件青瓷碗和一件四系瓷罐，中山北路出土了唐代的黄褐釉瓷碗，共和新路出土了唐代的青黄釉瓷罐，浦东白莲泾也出土了唐青釉瓷碗，唐代的遗物已经发现多起，这清楚地表明上海的市中心区在唐代时早已成陆。

不仅上述岸线如此，黄宣佩通过考古发掘，还辨明吴淞江以北的冈身，并非江南竹冈与沙冈的延伸，而是与江南不同的古海岸。江北外冈这一条，在冈身方泰段外侧的地下挖出了鲸鱼骨等古海生动物骨骼，距今约为两千多年；在冈身外冈镇段的冈身上发现了一座战国晚期的楚墓和一件春秋时代的印纹陶罐。黄宣佩指出，太仓县城镇也出土了年代相同的鲸鱼骨等，加上嘉定与太仓境内至今未发现早于东周的遗址或墓葬，吴淞江北岸的外冈只是距今三千年左右的岸线，由此可见五千多年前的长江口极为宽阔。黄宣佩还根据发现的古遗址年代与分布状态，推测出吴淞江以北与沙冈同时期的古海岸线走势，且已部分得到印证。

至此，人们对古代上海的海岸线有了比较清晰的认识。

黄宣佩进一步论证，处于长江三角洲前缘的上海地区，不仅土地不断向外延伸，个别区域也发生坍塌。如金山区在杭州湾的大金山、小金山与乌龟山，据记载原来是与陆地相连的，人们可以到大金山上的寺庙进香，至今山上仍见遗址。而山北的土地也已被冲刷成海，使金山卫东的戚家墩春秋战国时代遗址暴露在海滩上，考古人员只能利用潮落的间隙时间进行抢救发掘。在淀山湖东部商榻、西岑与金泽三镇之间的湖底，1958年打捞出一批新石器时代至唐宋的文物，并发现湖底也有一处古遗址。该处水深约1—1.5米，与陆地上古遗址在地下的深度相近，说明湖中的遗址并不是因土地下陷进入湖中的，而是受风力、波浪的冲刷使湖岸坍塌而进入湖中的。类似的太湖底古遗址，在江苏的吴县有澄湖遗址，在常州的滆湖水下、浙江吴兴钱山漾附近的湖底同样有古遗址。依此分析，古太湖的面积，自古至今变化也很大。

黄宣佩的这些研究论点，陆续发表在《考古》《文物》等学术刊物上，得到了学界的普遍认同，有关上海成陆过程的疑问，也终于得到科学的解答。20世纪70年代，研究成果还曾通过新闻电影的形式送到北京等地播放。

1972年，在复旦大学作上海成陆年代的学术报告

推动良渚文化研究理论和方法取得突破

20世纪80年代，中国文明起源成为考古学的主要研究课题之一，黄宣佩和上海考古学者敏锐地把握了这一时代动向。福泉山遗址的考古发现和研究，不仅让上海史前文明的高峰呈现在世人面前，也为良渚文化的研究和中国文明起源的探索贡献了一把宝贵的"钥匙"。

考古发现，在福泉山这座土山底下，是一处崧泽文化中期的距今约5600多年前的村落遗址。其中有方形的地面建筑遗迹，如四周遗留的木柱下的垫板，中间有灰黑色已经被踏实的居住面和红烧土粒堆积，一些可能是屋面上掉下来的小树条，房屋中间尚有一个小土台，屋外西南角则有一堆生活废弃物，内有灰烬、红烧土、陶器碎片、残断的玉璜、骨锥，以及许多食后丢弃的獐、猪、鹿、鱼、龟等动物的碎骨片、介壳。在居址的东北，还见一个匙形的灶塘，灶塘的内壁被火烧红，灶内充满灰烬，灶旁遗留了一件已经破碎的烹饪用的大陶鼎，呈现出一幅崧泽文化古人在此生活的画面。

居住遗迹的北侧发现有墓葬17座，南侧仅见一儿童墓，墓主人身旁有鼎、豆、罐、壶等陶器和石斧。墓葬中已有成年男女二人的合葬墓，也有一成年男性左右各有一儿童的三人合葬墓一座。男女合葬的墓葬，男性在左、女性在右，并侧身面向男性，三人合葬则表明子女从父。黄宣佩和考古队成员推断，这些都是以男性为主体的现象，说明这一时期当地氏族已从母系社会向父系社会过渡。

在崧泽时期的居址上，便是良渚文化的高台土墩。在高台中间，发现了燎祭祭坛1座，墓葬30座。祭坛叠压在墓群的顶上，共有三层台阶，在最高一层有一大块被火烧红的土板，板下放置了一件祭祀用大口缸，祭坛上满堆

福泉山遗址燎祭祭坛上坍塌的台板与大口缸　　福泉山遗址良渚文化燎祭祭坛

不规则的大小土块，土块和地面都被大火烧红，并且地上有介壳屑，但竟然不见丝毫大火燃烧后剩下的草灰。而在山的北坡上，则见一个大灰坑，坑的中心有一小祭台，坑中堆满草灰，但坑壁坑底并不见火烧痕迹，显然是古人将山上祭坛燎祭时燃烧留下的灰烬，清扫后堆放于此。在这一大灰坑的近旁，还有两个有殉人现象的墓葬。这是一处古人用土块、用火祭祀祖神的遗迹。祭坛之下则是层层上下叠压的古墓。墓群中，有三座使用人殉或人牲的大墓，如M139一座墓主为成年男性，随葬器物丰富：口内含一件玛瑙玲，上下肢

骨上分两行放置了石玉钺12件，手臂上有玉镯，身旁有玉锥形器、玉管和玉饰片，在足后有一堆精致的祭祀和生活用陶器。而在墓坑的东北角上面，有一个青年女性人骨，人骨屈身，上下肢弯曲，似跪着侧下的样子，这是在此墓掩埋后，用人牲作祭祀的现象。又如M145墓，在长方形墓坑北端，另有一个小坑，坑内塞入两具人骨，一为青年女性，一为少年，两人屈身屈腿、双臂朝后、面颊朝上，呈反缚挣扎状。这是此墓在埋葬后用人牲作祭祀的祭祀坑。黄宣佩等人认为，福泉山发掘的良渚文化遗存显示，当时的贵族动用大量人力为自己堆筑高台墓地，死后又用奴隶作祭祀的牺牲品，表明这一时期已经进入了等级分化、高度复杂化的阶级社会。

福泉山遗址燎祭祭坛上坍塌的台板与大口缸　　福泉山遗址良渚文化燎祭祭坛

　　福泉山墓葬出土的玉器非常精美，令人叹为观止，可说是颠覆了过去人们对上海古史的想象。其中一件细刻神象和飞鸟纹的琮形器，玉色青绿半透明，玉质之精在历来出土的良渚玉器中极为罕见。玉琮刻划纹饰有三个层次，先用减地法凸出神像的冠、鼻、额与眼睑，再在其上细刻云纹与直线弧线组成的几何图案，在底面则旋刻出眼圈，并在神像的上下左右细刻4只飞鸟，这些刻纹极为精巧，细如发丝，形同微雕，技艺高超。这件玉器无论在玉质或刻工上，都可称为新石器时代玉器中的绝品，已成为上海博物馆的镇馆之宝。

福泉山遗址9号墓出土的神人兽面纹琮形玉镯

另有一件象牙雕刻器，长约25.4厘米，保持牙管剖开后的自然状态，一面弧凸，另一面内凹，在器的表面满刻由眼、嘴、獠牙等构成的兽面纹，形象怪诞，是第一次发现的良渚文化兽面纹象牙器。以此发现为契机，在后来的发掘中，考古队员多留了个心，终于在2010年有了令人惊喜的发现。这年在207号墓中出土了两件保存完整的象牙权杖，其中一件长约1米，有镦。权杖主体为片状结构，上大下小，顶端平直，下端为突出的榫状结构，插入镦部，器表满饰精美繁缛的细刻纹，主题纹饰为若干组侧视神像纹。镦部呈椭圆形，主题纹饰为两对鸟纹和兽面纹。象牙权杖的发现和修复，显示良渚文化礼器除了玉器之外，还存在其他稀有材质礼器为代表的礼制系统，具有非常重要的艺术价值、科学价值和历史价值。

福泉山遗址9号墓出土的象牙器

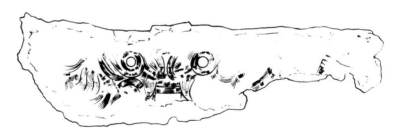

福泉山遗址9号墓出土的象牙器的局部放大照片和拓片

上海考古人的科学精神和创新精神在福泉山遗址的发掘中起到了至关重要的作用。黄宣佩在以下两方面的首创性的工作,大大推动了良渚文化的考古发现和研究,为我们正确认识良渚文明和良渚古国作出了关键性的贡献。

首先，第一次认清了福泉山这类土墩并非自然形成，而是四五千年以前古人堆积的高台墓地，用于埋葬贵族。埋葬以后，墓葬上还有祭坛，用烧火来祭祀祖先、祭祀天地。因此其中有燎祭的祭坛，贵族使用人牲即用人作祭祀的大墓。考古界的老前辈、曾任中国考古学会理事长的苏秉琦给予高度评价，"福泉山发掘的重大意义不在于发现了多少精美的玉器，而在于其土墩本身"，他将福泉山称为"中国的土建金字塔"。这样一来，考古学家对江苏、浙江的同类型土墩也有了明确的认识，此后不久浙江就发现了余杭的反山和瑶山，为此中国社科院考古研究所特地邀请江、浙、沪三地专家讨论中国古代文明起源的问题。良渚遗址和良渚文化，也成为新世纪开始的"中华文明起源与早期发展综合研究"（简称"中华文明探源工程"）的主要工作对象和突破口。

其次，历来有观点认为中国文明起源于黄河流域，但是福泉山遗址发现动用上万劳动力堆筑的土墩墓地，其中埋葬的贵族大墓，随葬精美的陶器和石、玉、骨器国内稀见，甚至还有象牙雕琢品。这些陪葬品以及人牲、燎祭等现象，都证明了良渚文化的高度发达，证明四千年前的上海地区在中国处于先进的地位。福泉山发掘的成果，是苏秉琦先生关于中国文明起源"满天星斗"理论的实证之一，黄宣佩也因此较早提出了南方地区在良渚时期就已经进入文明阶段的观点。

时至今日，经过数十年的发掘、研究工作，良渚文化的面貌越来越清晰。它有发达的稻作农业，已普遍使用犁耕，可以支撑大量的人口；有门类齐全的手工业，工艺精湛高超，形成的玉礼制度影响深远；有强大的社会组织能力，高度集权，统筹组织完善，能建设浩大的工程；有统一的精神信仰，以神人兽面纹为代表和象征的神祇，维系起文化认同的纽带；有具备原始文字特征的刻划符号，文字这一文明要素也已出现。综合各方面因素，良渚文化无疑已跨过文明的门槛，为实证中华五千年文明提供了最为直接、最为典型的例证。在这个伟大的征程中，黄宣佩和上海考古人也留下了浓墨重彩的一笔。

折角足盆形陶鼎
崧泽文化（距今5900—5200年）
1984年福泉山遗址出土
高36厘米，口径45厘米

　　夹砂灰陶。该器形制厚重庞大，宽沿外折，可以承盖，直壁深腹，上腹部装饰密集弦纹，中部有一周锯齿状附加堆纹，腹下部有一周凸棱，圜底，底部有明显的黑色烟炱痕迹。鼎足横剖面为直角曲尺形，足根饰细密的点线纹，中部以足背转折为对称，两侧各有一个圆形捺窝，整体图案似兽面。
　　与马家浜文化使用的粗砂细石相比，崧泽文化夹砂陶器的羼和料基本成分由蚌壳屑和稻谷壳组成。由于取材便利，且经焙烧后产生出许多气孔，使陶器十分轻巧，也有效地防止了加热过程中陶器爆裂的可能性。

细刻纹阔把陶壶（流下飞鸟纹图释）

良渚文化（距今5100—4200年）
1984年福泉山遗址65号墓出土
高15厘米

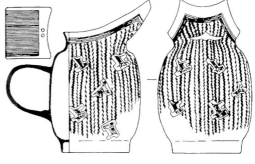

这是阔把壶中最精致的一件。泥质黑衣灰陶。壶身浑圆，上为粗颈，下为圈足，对称匀致。壶口前侧上翘成宽流，相对的另一侧为半环形阔把，阔把外壁有密集的圆条状纹，并有两个小孔，用于穿绳系盖。壶身经过打磨，乌黑光亮，其上满刻精细花纹；流下是双翼展开的飞鸟正视形象；腹部的主题纹饰是数只图案化的飞鸟，鸟身填刻纵横相对的平行短线。壶身的地纹是线条纤细如发丝的折线纹，刻工精细不苟。此器胎薄轻巧，器表显金属光泽，目测手提，极似轻薄的金属制品。阔把上的直条纹是用数十根细若铅笔芯一样的泥条拼排而成，是良渚黑陶中的精品。

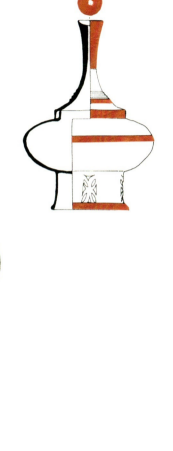

红彩高柄钮陶罐

良渚文化（距今 5100—4200 年）
1986 年福泉山遗址 101 号墓出土
通高 21.8 厘米

  泥质黑衣陶。罐盖上有一条细长束腰形高柄，下部呈喇叭形，上饰三道凸弦纹，并有一小圆孔。高柄中心有上下贯通的直孔。罐身为直口，广圆肩，扁圆腹，高圈足。圈足上镂刻三组由弧边三角形与叶形镂孔组成的图案。器表经过打磨，漆黑光亮，并描绘多道红褐色宽带形彩绘。陶器盖上的捉手一般多扁矮，如此高挑束腰柄形捉手，置于小盖上，与高圈足扁腹罐构成一件大起伏、大变化但又十分和谐、富有韵律的艺术品，奇特美观，是中国新石器时代陶器中罕见的珍品。

玉鸟

良渚文化（距今5100—4200年）
1987年福泉山遗址126号墓出土
高1.88厘米，身长2.6厘米

乳白色，尖喙上扬，其下有一圆形穿孔，既可作目，又可系绳佩挂。整器虽寥寥数刀，却刻划出小鸟栖息时的生动神态。良渚文化出土的玉鸟，多为俯视形式，而侧身玉鸟当时是第一次发现。鸟飞翔于天空，良渚人用珍稀的美玉刻琢出小鸟，与崇天有关。

玉带钩

良渚文化（距今 5100—4200 年）
1984 年福泉山遗址 60 号墓出土
长 3 厘米，宽 2.1 厘米，厚 1.8 厘米

　　玉色乳白，间杂黄色斑纹，一端留下方块形，横穿一孔，孔壁光滑；另一端镂割成弯钩，表面高度抛光。出土时位于人骨腰部，是我国年代最早的带钩。它的发现，使我国用带钩穿戴的历史提前了近 2000 年。

构建长江下游地区史前考古学文化谱系

　　黄宣佩是两大考古学文化——崧泽文化和马桥文化的发现者。
　　考古学上的"文化"，通常以首次发现的典型遗址所在的小地名来命名，若是今后别的地方再发现相同类型的文化，也都以此来命名。

1985年，中国考古学会在杭州召开年会，黄宣佩领队发掘的崧泽遗址中层遗存被正式命名为"崧泽文化"。不久之后，黄宣佩第一次领队发掘的马桥遗址中层也被命名为"马桥文化"。一名考古学家生平能够发现一种新的文化已是幸事，黄宣佩是中国两种古文化的发现者，并且这两种古文化在长江下游地区具有举足轻重的地位，因而他在考古界也有着相当的影响力和很高的学术地位。

崧泽遗址的发掘和研究过程中，对中层遗存的内涵和性质讨论成为焦点。黄宣佩分析：马家浜文化的陶器以红陶为主，崧泽中层出土的陶器大多数都是灰陶和黑衣灰陶；马家浜文化使用的炊器是陶釜，崧泽中层普遍使用三足鼎。尤其是崧泽中层的炊器用鼎，盛食用豆，壶的圈足往往分割成花瓣状，罐的器表常见有压划藤竹的编织纹，这些特征都与马家浜文化有着显著的不同。同时，这些崧泽中层的特点，与之后的良渚文化也不尽相同。崧泽中层的陶鼎都是沿着器腹向下延伸的鼎足，而良渚的鼎足支撑于器底；崧泽中层的豆把上部束颈、中间呈腰鼓形，底下敞开作喇叭口，而良渚豆大部分为竹节形把手；至于陶壶，在崧泽中层的陶壶颈部无鼻，底部圈足，多剔刻成花瓣形，而良渚陶壶盛行颈上有双鼻或器腹附阔把。鉴于此，黄宣佩敏锐地意识到，崧泽遗址的中层很可能是一种新的文化类型，该文化类型继承了马家浜文化，又发展了良渚文化，年代上也是衔接了这前后两种文化，是一种新的文化。由于发现的遗迹和出土的器物非常具有典型性，根据1962年、1974年和1976年的三次考古发掘资料，1982年被考古界命名为"崧泽文化"。崧泽文化在中国新石器时代诸文化中，是一支繁荣而优秀的古文化。崧泽文化年代的排序分为四期，一期具有马家浜文化的遗风，四期又出现向良渚文化过渡的状态，这表明崧泽文化继承了马家浜文化，又向良渚文化演变，是太湖古文化发展序列中的一个重要环节。

崧泽文化时期聚落数量比马家浜时期增多，畜牧饲养已成为重要的生活来源。在汤庙村M1墓中出土了一件石犁，这是我国最早的石犁之一，说明农业开始进入犁耕时代。陶器制造方面，崧泽古人开始使用半机械的方法制作陶器，他们发明了轮制技术，是我国最早使用轮制技术的古人之一。崧泽人的生活用具中出现陶杯，并且成为主要器皿之一，也证明这一时期因为农作物产量的增加，已经开始酿酒。在金山坟遗址发现了一件用夹砂陶土制作的陶甗，腹部的内壁有一周凸沿，可以置箅，而在凸沿之下还有一个通向外壁的小流，用以向内注水。这是一件结构特殊的蒸煮用器，证明古人开始使用蒸气加工食物，是古代饮食传统提升阶段的一个创造。崧泽陶豆以其曲折多变的外形和精美巧妙的镂孔纹饰独树一帜，它是高雅饮食生活的一个标志性器皿。肇始于崧泽文化的鼎、豆、壶组合，成为一种定式、一种标准，体现了一种现实的或理想生活的追求。

崧泽文化陶壶内壁的轮制痕迹（福泉山遗址出土）

石犁

崧泽文化（距今 5900—5200 年）
1980 年松江汤庙村遗址 1 号墓出土
高 13.9 厘米，底宽 10.4 厘米

  迄今发现的中国最早的两把石犁之一。石犁是崧泽文化晚期出现的新型生产工具，它的发明改变了耜耕的生产方式，提高了劳动效率，使大面积开发耕地成为可能，为农业生产力的提高奠定重要基础。

凿形足陶甗

崧泽文化（距今 5900—5200 年）
1985 年青浦金山坟遗址出土
高 24.8 厘米

  甗是食物蒸熟的一种炊具，整体像鼎，内壁有一周凸沿用来承箅，腰部有一斜孔用以随时注水。崧泽文化晚期以后甗成为长江三角洲地区主要的炊器之一。

红黄彩绘碗形陶豆
崧泽文化（距今 5900—5200 年）
1976 年崧泽遗址 79 号墓出土
高 11 厘米

碗形，敛口，唇外卷，器腹上有红褐色和淡黄色的彩绘的弧线带纹以及一周下垂的凸棱。折棱形短把和喇叭形高圈足上饰红褐色宽带纹。彩陶和彩绘两者制作工艺不同，前者是先在坯胎上绘彩，然后入窑烧成，彩色不易脱落。而后者是先烧制成陶器，再作彩绘，因此彩色容易脱落，出土时往往随泥消失。此件能保存色彩完好并不多见。

竹节形陶瓶

崧泽文化（距今 5900—5200 年）
1961 年崧泽遗址 37 号墓出土
高 23.8 厘米

泥质灰陶。凹弧颈，窄肩，腹饰竹节纹，平底微凹，削出三足。此器制造规整、精巧，造形生动、挺拔，酷似一支节节拔高的青竹，是酒水饮器。

猪形陶匜

崧泽文化（距今5900—5200年）
1974年崧泽遗址52号墓出土
高6.7厘米

  此器泥质灰陶，厚胎，口微敛，有流，方沿，直腹，圜底，近底外壁压印"S"纹一周。器高仅6厘米多。倒置为一猪首形，嘴、鼻、眼、耳五官齐全，嘴外伸为流，"S"纹一周似乎成了耸起的鬃毛，圆浑的器身成为一头肥猪的躯体，虽然没有四肢的具体表达，却活现了憨态可爱的家猪造型，艺术性地反映了崧泽时期家畜饲养的情况。

  猪形陶匜是崧泽文化陶器中集实用功能与艺术成功结合的杰出工艺品之一。

崧泽一地发现的墓葬仍见儿童与成年女性合葬,有子女从母的现象,而在福泉山已有青年男女男左女右的合葬墓,及一个成年男性在中间,左右各有一个儿童的三人合葬墓。崧泽文化男性逐渐成为主体,显示了父系氏族社会的迹象,社会组织从母系氏族社会开始向父系氏族社会过渡。崧泽遗址的崧泽文化墓群北部,发现了一堆燎祭的遗迹,是古人多次祭祀祖上的祭坛;另在每一墓葬的南侧或西侧,也有堆土火烧的祭祀遗迹,显示了对火的崇拜,这是比甲骨文记载又早出两千多年的燎祭习俗。

中国是玉文化历史悠久的古国,而太湖地区是它的发源地之一,上海地区早在崧泽文化、马家浜文化中就出现了耳饰玉玦。在崧泽文化各遗址中,更是发现了玉璜、玉镯、玉坠和玉琀等类型的玉器,无论种类和数量都比马家浜文化时期增多。人骨口内的玉琀,有扁平鸡心形、圆形和环形,是我国现知年代最早的玉琀。玉璜在后来中国文化的发展中相当重要,其源头就是崧泽文化玉璜尤其是半璧形璜。扁平长弧形玉钺也是崧泽人的首创,成为良渚文化和后来商周时期钺的一个定式。

崧泽文化的发现,证明五千年前的上海无论在经济还是文化方面,都处于当时中国新石器时代诸文化中发展的前列,也为后来良渚文化登上史前文明高峰找到了历史发展的脉络和逻辑。崧泽人为后来的大中华贡献了自己的居家之食法,是以美好生活为追求旨趣的生计方式;又贡献了用来规范社会人伦的治国之礼制,是通过物质载体表达精神信仰的象征符号。崧泽文化在中国文明起源过程中作出了重要的贡献,其余韵所及,流播千年。2001年,崧泽文化入选"中国20世纪一百项考古大发现"。

鱼鸟形玉璜
崧泽文化（距今 5900—5200 年）
1974 年崧泽遗址 64 号墓出土
长 6.6 厘米

湖绿色，两端有白斑。绿白相间，自然交融。一端似鱼形，一端似鸟形。两端除各有一穿孔外，还各有一凹口，似鸟喙，似鱼嘴。

鸡心形玉琀

崧泽文化（距今 5900—5200 年）
1976 年崧泽遗址 92 号墓出土
长 4.2 厘米

墨绿色，扁平，一端椭圆，另一端尖凸，呈鸡心形。中有一圆孔，系单面钻成，器表琢磨光滑。

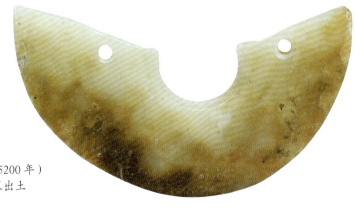

半璧形玉璜

崧泽文化（距今 5900—5200 年）
1974 年崧泽遗址 65 号墓出土
长 7.9 厘米

乳白间有虎黄色。大于半璧。不讲究习见的对称形式，璜的一端上翘，感觉上不是十分规矩，但随意的造形结合黄白相间的跳跃状色彩，显得生动别致。

马桥遗址的发掘和研究过程中，对介于良渚文化和吴越文化之间那部分以印纹陶为特点的遗存（下文暂称之为"马桥类型"）的性质和年代，争论相当激烈。在此之前，由于对黑衣灰陶的年代特征认识不足，仅仅知道这类陶器是良渚文化的重要标识，不知道它的制造技术一直延续到良渚文化之后甚至更晚的历史阶段，因此把马桥类型中也有黑衣灰陶看作是这两类文化共存的证据。所以当时的推论是这两类文化在同一文化层中，只不过在上部马桥类型的内涵多于良渚文化，而下部则良渚文化内涵多于马桥类型。黄宣佩通过马桥遗址的第二次发掘，从地层学上分清了两类文化上下叠压关系，例如T103的第四层黑灰色土，内涵为马桥类型遗物，而第五层青灰色土，其中全是良渚文化遗物，两者并不混淆。他又通过整理出土器物，发现良渚黑衣陶与马桥同类陶器有所不同，不仅器形和纹饰上有所区别，而且马桥类型的黑衣陶器胎厚，表面黑灰泛白，良渚文化的则胎薄，表面深黑，有的还呈铅样光泽。这次发掘解决了良渚文化与马桥类型的地层叠压关系，证明马桥类型在上，良渚文化在下，良渚文化早于马桥类型。

黄宣佩还发现，新发现的马桥类型，与之前发现的良渚文化相比，文化内涵和面貌截然不同。如马桥类型的陶器以红陶为主，器表普遍拍印绳纹或叶脉纹、篮纹、方格纹和席纹等印纹，而良渚则盛行灰陶和黑衣灰陶，器表大部分保持素面，或分作刻划纹。马桥陶器器形常见圈底内凹，在良渚文化中基本不见；而良渚文化已有高度发展的制玉工艺，在马桥文化中则没有发现。黄宣佩据此观察，推断马桥文化并非继承良渚文化而来。

马桥类型的这种器物形态和组合特征，曾经被考古界泛称为"几何印纹陶文化"，因此起初认为马桥类型可归入首次发现于江苏南京湖熟镇的湖熟文化。然而马桥类型与湖熟文化也有着显著不同。马桥的烹饪器是三实足的陶鼎，湖熟主要是三袋足的鬲；马桥的蒸煮器是上甑下鼎，而湖熟是甑与鬲的结合。两者虽然共有印纹陶器，但器形方面马桥全是圈底内凹的器底，而湖熟则有较多的平底器。马桥盛行的鸭形壶，在湖熟未见，而湖熟常见的一种梯格形的印纹，在马桥亦属偶见。至于一种与中原二里头文化相似的觚、斝、尊、豆等灰陶器，拍印的各种变形云雷纹，都是马桥文化的主要器形与纹饰，在湖熟文化中并不多见。

马桥遗址出土的鱼鸟纹陶片
马桥文化（距今3900—3200年）
1960—1966年闵行马桥遗址出土

　　马桥文化陶器花纹式样繁多，各类纹饰都有其特定的装饰对象。鱼鸟纹是一种模印纹饰，以一鱼一鸟为一个单位，成组带状出现在簋、豆之类陶器上，纹饰华丽、生动。马桥文化的鱼鸟纹图案出现时间早于中原商周青铜器文化，可能是此类纹饰的首创。

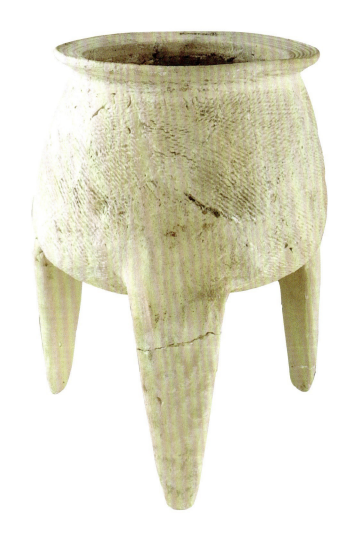

绳纹舌形足陶鼎

马桥文化（距今3900—3200年）
1994年马桥遗址出土
高25.1厘米，口径20.2厘米

  马桥文化的代表性器物。器身多印绳纹，也有几何形纹。少数鼎的口沿面上刻有陶文。马桥文化的陶鼎器身形制差别不大，鼎足则差异较明显，有舌形、凹弧形和圆锥形等，其中圆锥形足最多见。

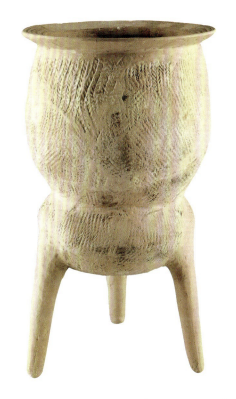

叶脉纹圆锥形足陶甗

马桥文化（距今3900—3200年）
1994年马桥遗址出土
高42厘米，口径23.8厘米

  马桥文化的陶甗与崧泽文化、良渚文化的深腹鼎式甗不同，它的器身分为上、下两个部分，分别制作后连接起来，并在内壁捏成一圈凸出的宽棱作为隔档，用来承箅。

方格纹叶脉纹高领陶罐

马桥文化（距今3900—3200年）
1994年马桥遗址出土
高22.8厘米，口径13.8厘米

  肩部有三个盲鼻，上腹部饰方格纹，下腹至底饰叶脉纹。

竖条纹鸭形壶

马桥文化（距今3900—3200年）
1960年马桥遗址出土
高12厘米

泥质红陶。侈口，矮颈粗硕，扁腹近折，腹部一侧近似鸭尾形，其上附一宽扁环錾，錾上堆饰圆点纹，錾尾附加一上翘的泥片，似鸭子上的尾羽。圜底。器身拍饰竖状条纹。

鸭形壶是马桥文化特有的一种水器。

云雷纹陶觯

马桥文化（距今 3900—3200 年）
1994 年马桥遗址出土
高 12.9 厘米，口径 9.4 厘米

  马桥文化主要的酒器是觯，数量多，变化复杂。多为轮制，器形相当规整，器内壁常常可见明显轮旋痕迹。

原始瓷豆
马桥文化（距今 3900—3200 年）
1994 年马桥遗址出土
高 14.8 厘米，口径 17.4 厘米

灰色胎，局部紫褐色，质硬。豆盘内施青黄色釉，釉面较多剥落。敛口，口沿旁有 3 个贴耳，浅弧腹，喇叭形高豆柄，豆柄上部与盘相接处贴环耳。沿面饰弦纹，圈足饰凸棱纹。

根据以上种种迹象，经过慎重仔细的比对推理，黄宣佩大胆提出，马桥遗址中层所代表这一新文化类型，是一处中国东南地区的古越文化遗存，与浙南闽北古文化具有相似性，应该是从那个地区向太湖传播甚至入侵的古文化，同时有中原地区夏商文化和山东半岛岳石文化等北方地区的影响，呈现出多元的文化特色，是太湖地区古文化发展史上的一大转折点。因此，他将这类文化命名为"马桥文化"，得到了考古学界的认可。

马桥文化正处于中国形成广域王权国家的关键历史阶段，许多发现和成就是承前启后的重要环节。马桥文化陶工以刻划在陶罐、陶鼎等器物口沿沿面上的陶文记事,主要由短直线或弧线组合而成,它们或平行排列,或相互交叉,构成了马桥文化陶文的特殊字形。陶器显然并非文字书写的主要载体,但因其材质特性得以保存下来。马桥文化的陶文是汉字产生过程中处于萌生阶段的早期文字代表,它的发现对于研究我国文字的起源与发展具有非常重要的意义。

条格纹陶罐

马桥文化(距今3900—3200年)
1994年马桥遗址出土
高32.2厘米

　　泥质红陶,通体拍印条格纹。口沿上面有一组陶文。已发现的马桥文化陶文共234个单字,主要刻划在陶罐口沿的沿面上,为入窑烧制前所刻。刻划工具包括竹木骨质的尖锐器,也使用指甲来刻划短弧线。

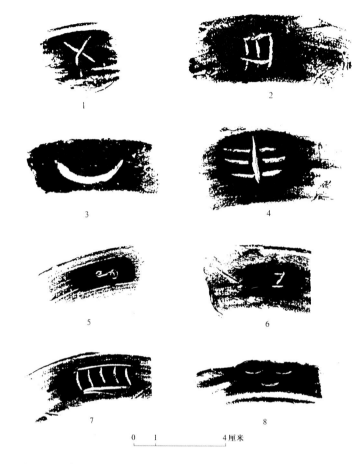

马桥文化陶文示例

马桥文化的另一项重要成就是原始瓷器的发明创烧。马桥文化时期,硬陶生产更加普及,软陶与硬陶的分化,是窑业技术的巨大进步,为原始瓷的发明做好了技术的准备。窑工通过精选瓷石、控制窑温和人工施釉等工艺的改进,成功完成了从陶到瓷的飞跃。马桥文化的原始瓷是目前确认最早的样品,其烧成温度为1150—1175°C,瓷胎中莫来石发育良好,其胎土组成以含高硅、低铝为特征。样品釉层透明、光亮,完全玻化或有少量残留物和气泡,釉面有明显开裂。原始瓷的发明,既增强了器物观赏性,又增加了器物表面的光洁度，进一步降低了吸水率，因此当这一技术问世后，迅速得到推广，从而为东汉以来成熟青瓷的发明奠定了良好的基础。

黄宣佩发现的崧泽文化、马桥文化，是长江下游地区环太湖流域史前考古学文化谱系的两块重要拼图。

崧泽遗址发现和发掘以前，长江下游地区的新石器时代古文化，已确认的仅有距今6000年前的以浙江嘉兴马家浜遗址命名的马家浜文化，以及距今4000多年前的良渚文化。当时对这一地区史前文化的认识，存在着两处醒目的"缺环"：其一，较为原始朴拙的马家浜文化和高度发达精致的良渚文化二者是什么关系，是如何从前者发展至后者的，介于两者之间数百年的过渡形态的文化是何种面貌？其二，良渚文化终结之后，至有文字记载的吴越之间，这一地区经历了怎样的社会变迁过程，这一千多年的漫长时期文化面貌如何？这两个缺环的存在，使得长江下游地区的早期历史显得断断续续、影影绰绰，对于探讨其整体的历史演进、与周边地区的互动关系以及对中国早期文明产生的影响等课题造成了障碍和困扰。从这个层面上说，黄宣佩发现崧泽文化、马桥文化，填补了这两个缺环，将历史之河连缀接续，不仅仅有着考古学学科上的价值和对上海地方历史的意义，更有着巨大的社会文化价值和地区性乃至全国性的意义。在其基础上，通过后来考古人的不断努力，又发现并命名了两种新的考古学文化，完善、构建起了"马家浜——崧泽——良渚——钱山漾——广富林——马桥"这一长江下游地区环太湖流域的史前考古学文化谱系，将我们对遥远过去的认识和理解提升到了前所未有的高度。回首来路，其贡献之重要，足以彪炳史册。

深入开展古代玉器研究

早在新石器时代，玉器已成为中华大地上使用范围较广、延续时间较长的艺术品，在全国各地多有出土。其中，良渚文化的玉器尤具特色。

在新石器时代遗址的考古发掘中,较多见的是陶器、石器等出土物。黄宣佩在崧泽文化、良渚文化遗址中先后发现了大量玉器,如玉璜、玉玦、玉璧、玉琮等,因此对玉器研究产生了兴趣。他以考古发掘材料为基础,对中国新石器时代玉器进行深入研究。

经过长期的考古发掘与学术研究,黄宣佩针对良渚文化玉器的用途、制作工艺、玉器变白,以及玉器刻符、玉琮、玉锥形器等问题都作了细致的探究。关于良渚玉器的用途,黄宣佩在统计了90余座墓葬出土的玉器后,认为应该综合器物的出土位置、纹饰、墓主性别等多方面信息进行统计分析,并对玉钺、玉琮、玉璧、玉锥形器、玉冠形器、冠形器、三叉形器、玉璜等的用途提出了自己的看法。例如,黄宣佩认为玉钺原是砍伐兵器,从斧派生而来。20世纪70年代以前在考古报告中往往统称为斧,斧、钺不分,自福泉山遗址良渚高台大墓被发掘之后,尤其是附上下端饰的玉钺的发现,逐渐把这一类玉斧正名为玉钺。黄宣佩认为,在器形上,良渚的礼器斧与钺应该是可以区分的,体厚、弧刃、刃两端与钺侧边连接不露刃角的,应称斧,这类斧除了孔较大,器表抛光,刃部钝口以外,与崧泽文化的斧相同,是良渚文化仿古随葬礼器。有些玉钺还有讲究的钺柄,这是一种由武器转化而来的礼器,是指挥权的象征,或者就是权杖。正像《尚书·牧誓》中所记载的,"王左杖黄钺右秉白旄以麾",玉钺的主人应该地位较高。大约在良渚时期,这种权杖已经出现,凡随葬玉钺的墓主人,葬仪都很特殊,不仅有棺有椁,还有制作精美的玉石陶器。福泉山墓地更是有燎祭的祭坛,墓旁有祭祀用的大口缸,有的还使用人牲,可以证明掌握玉钺的主人均享有崇高的地位。

大孔石斧

良渚文化(距今 5100—4200 年)
1982 年福泉山遗址 9 号墓出土
高 21.9 厘米

　　这件石斧形体厚实。圆弧刃,两端为圆形拐角,斧背略显弧凸,斧身上部穿一圆形大孔,系采用两面对钻技术,孔内有明显的钻磨痕迹。石斧打磨后经抛光处理,表面光滑,青黄两色相间。此器在良渚文化大墓中出土,精磨、抛光、大孔及厚钝刃口的特点,说明不是日常使用的生产工具,应是具有礼仪性质的器物。

湖绿色透光玉钺

良渚文化（距今 5100—4200 年）
1982 年福泉山遗址 9 号墓出土
高 17.1 厘米

　　湖绿色，滋润透光，风字形，扁平轻薄，厚仅 0.15 厘米，无使用痕迹。钺是兵器，但福泉山这件扁薄而精美的玉钺，已失去兵器的功能，应是权力的象征。

冒镦组合玉钺

　　玉钺，米黄色，扁平梯形，器表经细致抛光，弧形刃，刃的两端略向外翘，钝口，无使用痕迹。

　　玉冒，白色，船形，上部琢出四个凸块，底部有一道凹槽，可以纳柄。玉镦，白色，马鞍形，上部有一个凹槽，两侧中间有一个插销孔，安装在钺柄上起固定作用。

再如长条形的锥形器，一端尖锥，另一端有小柄。黄宣佩在研究了各地出土的良渚锥形器后，总结分析锥形器的特点，认为锥形器从锥演变而来，其作用可能与锥刺有关。锥形器先为圆柱形素面，晚期才出现方柱形作琮形雕琢，它是先为实用，后才神化。锥形器长短不一，有的柄部有孔，有的无孔，主要并不用于佩带。锥形器尖端向上才是正摆，其柄上无明显摩擦痕，而且有的有套管，可见并不是固定穿插在某些器座上，而是握于手中使用，尖锥是此器的主要部分。锥形器放置在墓中的位置，往往见于骨架上下四周，可能也具有护卫人体的作用。据此种种，黄宣佩推断锥形器应是一种神化的实用器，它从锥发展而来，锥刺作用在先，有可能是一种用于锥压穴道治病的器具。由于在原始时期，这是一种经长期触摸积累的经验，人们并不了解针灸治病的原理，因此其逐渐被神化，成为既可治病又可护身，包括一般平民都可使用的器物，所以它的定名，黄宣佩以为或可直接称为"玉砭"。

玉锥形器
长8.6厘米

神像纹玉锥形器
长9.5厘米

橄榄形玉锥形器
长4.5厘米

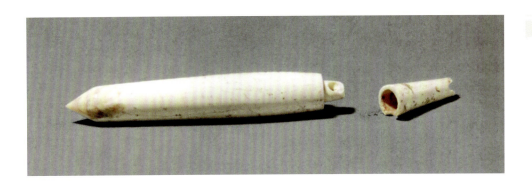

套柄玉锥形器
良渚文化（距今 5100—4200 年）
福泉山遗址 101 号墓出土
锥形器长 4.85 厘米，套管残长 1.5 厘米，壁厚仅 0.8 厘米

　　锥形器顶端钝尖，如果刺压人体的相关穴位，对某些病可以起到刺激经络缓解病痛的作用。中国古籍《黄帝内经》有"东方之域，……其病皆为痈疡，其治宜砭石"的记载。《说文解字》注释："砭，以石刺病也。"良渚文化分布于我国东部沿海地区，地多沼泽，古器物中又多玉石锥形器。因此可认为玉锥形器是古人治病用的玉砭。

　　"鸡骨白"是良渚文化玉器的特征之一。良渚玉器的用材主要是青玉，变白是它的次生变化，关于其原因，历来以为是在地下受沁。但黄宣佩从考古实践出发，观测到并不是同类材料在相同的地理环境下埋在同样深度都会变白。经科学测定，以良渚玉器的泛白面与内在未变色的玉质作比较，其矿物成分未变，仅结构变松，透明度变差，犹如冰与雪一样，并无其他物质沁入。如玉器的变白是受地下酸性或碱性物质的侵蚀所致，则首当其冲的该是玉器的表层——玻璃光面，会失去光泽。黄宣佩发现出土玉器的玻璃光面均保持良好，显然并非受沁所致。他以此为基础，结合玉器经火烧即会变白的特性与太湖地区良渚文化葬俗盛行燎祭的现象，提出了古玉器变白应与受热有关的观点，认为我国的太湖地区，早在崧泽文化时期已经出现燎祭，这是古人祭祀天地与祖神的一种习俗。良渚文化的贵族高台墓地上，几乎都能找到燎祭的遗迹，如福泉山一墓坑的坑壁被火烧红，墓底人骨变白龟裂，坑内陪葬的玉管、玉珠、玉镯均呈乳白色。

成就斐然树灯塔

福泉山良渚墓葬出土的玉琮和玉冠形器，乳白色，表面均有龟裂纹

良渚玉器的制作工艺也历来是学术界关注的热点。为此，黄宣佩访问了许多富有琢玉经验的技师，并对出土良渚玉器进行了微痕研究，认为良渚文化的古人已经具备了发明砣具的条件，并且良渚玉器上的诸多减地浮雕只有使用砣具才能雕刻。他据此推断，良渚的琢玉已经使用了砣具。例如福泉山出土的锥形器，长5.3厘米，最大径1厘米，圆柱上有一对目纹，每一目纹以三圈阳纹组成，目纹横径1.25厘米、直径1.15厘米，目纹内侧两圈阳纹之间的间隔仅0.2—0.25厘米，阳纹凸出器面约0.02厘米。在两圈阳纹线中间的凹槽内，有一个个球面状的凹窝，凹窝径约0.18—0.22厘米。黄宣佩分析认为，这件锥形器的阳纹位于圆弧面上，阳纹的间距又如此之小，既不能线割，也无法锯切割，连使用小磨石运作也极为困难，只有用旋转的工具，通过原地旋转研磨减地，凸出阳纹，在阳纹边侧隐约可见的一个个球面状凹窝，即是一种球面钻头钻磨的痕迹。而这种研磨，只有以圆柱形锥形器迎向旋转的球面砣具才能成功。因此这无疑也是用砣具制作的。

良渚文化玉锥形器和器上目纹正视放大图

在这些研究的基础上，黄宣佩发表了多篇重要的研究论文，包括《良渚玉器用途之研究》《良渚文化玉器变白之研究》《良渚玉器上砣研痕之研究》《良渚文化晚期玉器的异变》《良渚玉器与中华文明起源》等。此外，黄宣佩还对新石器时代的齐家文化玉器、金沙遗址出土的玉器都作了研究，对于年代上早于崧泽、良渚的红山文化玉器、石家河文化玉器等也有一定的探索。

1996年，在台北"故宫博物院"作"崧泽良渚玉器"演讲

1998年11月，参加香港中文大学举办的东亚玉器国际学术研讨会

先行实践中国公众考古

考古学所关注的关于人类及其文化的知识，是人类了解自己从何而来的钥匙，也是应对未来各种复杂挑战的经验之源。公众考古或考古学大众化是考古学面向社会公众，普及考古文物知识、提高科学文化素养、培育文物保护意识的重要学科实践和转向。中国的公众考古是伴随着中国考古学的出现而渐次发生的。1930年前后，一些文化学者或考古学者已经开始有意识将考古学术发现与考古社会传播既相区别又相结合，开启了中国考古社会化、公众化道路的先声。20世纪50年代，苏秉琦明确提出"考古是人民的事业"的观点，一些著名的考古学家和古人类学家等，纷纷写作考古科普著作，很多单位和个人将文物考古发现成果，通过图录以及陈列展览的方式，更直观地向社会公众宣传和普及。

在田野考古一线工作和学习的职业考古人员和大学师生，也会在考古发掘工地上举办出土文物展览，向当地群众宣传考古工作的作用和意义，普及考古知识等。可见，中国公众考古起步很早，历程较长，源流清晰，谱系相续，具有原发性和持续性等特点；传播方式类别多样，图书报刊、图录挂图、考古教育、参观活动、陈列展览、考古遗址博物馆建设乃至影片摄制等如今公众考古的基本范式，已经多有实践，形成规模，渐成气象。上海考古在公众考古领域也丝毫不落人后，黄宣佩在其中发挥了关键的作用，他敏锐地认识到时代的潮流，很早就开始进行公众考古实践，且多种形式并举，做得有声有色，可谓是"预流"者。

1959年，黄宣佩组织了各县文物普查，随后他和同事就策划了一个小型的文物展览，取名叫"什么是文物"。这个展览不像上海博物馆里那样陈列青铜、陶瓷等珍贵文物，而是展出一些平时容易见到的东西，像古代瓷片、陶片、铜钱等。展览在上海郊区的一个个人民公社流动展出，宣传文物保护工作，树立文物保护观念，促使大家在发现文物时主动来上报。后来展览还送到各县文管会、中小学里展出。经过这样紧紧结合基层、发动群众的公众考古实践，社会各界对考古和文物的认识获得了极大提高，从而积极参与到文物保护的工作中，结果也超出了黄宣佩的预料：通过考古人员自己找到的，加上农村干部上报的，先后发现了从新石器时代到清代的古文化遗址28处，上海的文物"家底"一下子变得丰厚起来，为今后的上海考古工作打下坚实的基础。

在青浦金泽小学举办流动展

在淀山湖畔举办流动展

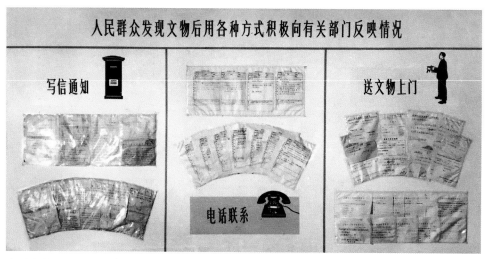

向群众宣传发现文物的上报途径

在发掘马桥遗址的同时，黄宣佩利用各种机会向各界群众讲解考古是怎么回事，普及文物知识。考古发掘结束后，黄宣佩就趁热打铁在上海博物馆的大厅里举办了一次马桥文物专题展览，进一步宣传、扩大影响。作为上海第一次科学考古的马桥遗址发掘工作，取得了丰硕的成果。也因此在1960年，考古队被评为上海文化先进集体和上海青年先进集体，

1960年，获得上海市文教先进单位先进工作者奖章

考古发掘过程中的宣教活动

黄宣佩获得了上海市文教单位先进工作者奖章。这给了黄宣佩和他的同事们极大鼓舞，也让黄宣佩对考古更加入迷，从此与考古结下了半个多世纪的缘分。后来发掘崧泽、亭林等诸多遗址时，黄宣佩也紧密结合本乡本土，坚持举办出土文物展览，这些都是中国考古学大众化历程中不可忽略的一个个足迹。重视将考古成果及时向大众宣传、发挥其社会文化效益的优良传统，也从此根植于上海考古事业当中。

考古发掘过程中的宣教活动

考古发掘过程中的宣教活动

馬橋古文化遺址发掘彙報展覽会
··第三部份··

马桥发掘彙报展览会前言牌
（第一部份展品）

展览会入口处

遗址地形及发掘情况
说明牌

上海市古文化遗址分布
图及位置模型图

马桥古遗址发掘地
形全景模型图

遗址位置及地层剖
面图模型

带领上海博物馆考古工作人员策划了"马桥古文化遗址发掘汇报展览会"等展览，送到各公社、学校巡展

（四）成就斐然树灯塔

在发掘现场给部队官兵讲解

给参观现场的市府顾问杨恺等讲解鉴赏出土文物

在发掘工地举办现场展览

上交出土文物授奖大会

经过长期的工作经验积累，黄宣佩对于公众考古工作的思考和实践又有了进一步的发展。他意识到不能仅仅停留在以流动性的、临时性的展览普及考古知识，而是要有在地性的、长期性的场馆。为此，考古工作要与博物馆、教育界、文化界乃至旅游领域有机结合，形成多维度、跨领域的"根据地"，发挥更大的社会影响和文化辐射效应。正是在这样的思路下，才有了后来崧泽遗址博物馆的蓝图和最终落地成为现实。福泉山遗址同样是黄宣佩非常重视的地方，他很关心福泉山作为教育基地的建设，认为教育基地要有"货"给学生看，内容要生动，因此多次到现场指导，出谋划策，并根据回忆在考古现场复原了红烧土祭坛、139号大墓等。此后，在这里又陆续兴建起文化长廊，改造升级陈列室，展现了福泉山遗址历经马家浜、崧泽、良渚文化的变迁过程，展现了福泉山良渚高台墓地是"中国土建金字塔"。如今，福泉山遗址已获批为"上海市爱国主义教育基地"，2010年又被评为国家级3A旅游景区，是当时上海唯一一处遗址类的3A级景区，福泉山大遗址保护规划和综合利用的议题，也正在有序推进中。

1984年，上海博物馆举办"青浦县福泉山遗址出土文物展览"门票

1984年,上海博物馆举办"青浦县福泉山遗址出土文物展览"

1990年，上海博物馆举办"上海地区良渚文化展览"

20世纪卓越考古学家

上海滩，曾被讥为无古可考，是在"柏油马路上的考古"。

20世纪50年代，黄宣佩开创了上海地区的考古工作，在他的领导和带队下，调查发现了20余处古文化遗址，将上海史的年代最早上推到距今6000年前，改写了上海地区和中国的历史。黄宣佩建立起上海第一支考古队伍，是上海现代科学考古的创始人，他也因此被业界称为"上海考古第一人"。

黄宣佩长期致力于崧泽、良渚、马桥等环太湖流域史前文化的研究，撰写和发表了《上海马桥遗址第一、二次发掘》《崧泽——新石器时代遗址发掘报告》《马桥类型文化分析》《崧泽文化分期》《太湖地区古文化的剖析》《良渚文化分期》《良渚文化特征研究》等重要论著，主持编写《良渚文化珍品展》《良渚文化特展》等图录。他是崧泽、马桥两大古文化的发现者，也是良渚文化的重要研究者。正是因为黄宣佩在考古方面的重要成就，1993年他获得国务院颁发的为文化艺术作出突出贡献津贴。

享受国务院特殊津贴荣誉证书

黄宣佩在从事学术研究的同时，也注重学术交流和宣传，经常参加各种学术研讨会，发表学术演讲，普及考古和文物方面的知识。1991年起，黄宣佩承担了《上海文物博物馆志》的编纂项目，除了和李俊杰两人负责全书编审外，他还编纂了文物篇和管理篇。此书共计70余万字，历时6年编纂而成。该书获得上海市市地方志编撰一等奖，受到各界赞扬。

1996年，在浙江"中国·良渚文化国际学术讨论会"上发表演讲

2011年7月，在上海博物馆作"上海考古与文物"讲座

黄宣佩重视高校的考古学教育。1987年他受聘为上海大学兼职教授，为该校的考古与博物馆专业讲授太湖地区新石器时代考古，而这一时期的学生毕业以后，有相当一部分被分配在上海博物馆和上海市其他的博物馆工作，有些骨干留校当教师，成为上海大学历史系文博专业的教研组成员。1985年，黄宣佩受聘为复旦大学历史系文博专业研究生指导老师，1995年又受聘为华东师范大学城市与环境考古遥感开放研究实验室学术委员会委员，为高校的文博事业奉献力量。

黄宣佩于1952年进入上海市文管会和上海博物馆工作，至2000年退休，继而又返聘5年，从事考古文物事业长达53年。在长期工作生涯中，黄宣佩的足迹踏遍了包括台湾、香港在内的全国29个省、市、自治区，120多个市、县，考察当地的历史遗迹、文物古迹和博物馆，与考古和文博工作人员探讨交流学术问题。正是这样的经历，让黄宣佩对于中国的文博事业无比热爱，对于中华古代文明有了更高层次的理解。

2014年，中国社会科学院考古研究所编撰出版了《中国考古学大辞典》，这是中国首部考古学科的大型专科工具书，其中收录了建国以来有突出贡献的100位考古文博学家。上海只有三位学者入选，其中之一便是黄宣佩。

黄宣佩初涉考古似是偶然，却由此与考古结缘，择一事，终一生，在这条道路上执着前行，半个多世纪的考古情怀，他的人生已与考古融为一体。2010年，80岁的黄宣佩在接受访谈时说：

如今的我算是清闲下来了，可以回到家中安享晚年，可是我的这颗心还在考古工地上，还在考古研究上。2008年，广富林遗址考古发掘电视直播，我也受邀去了现场，担任演播嘉宾。1961年，我曾带队在广富林试掘过，虽然已相隔了47年，工地上的一切仍让我激动不已。这是上海有史以来规模最大的考古发掘，看到那么多年轻人加入了考古队伍，社会各界对考古事业又如此地重视，让我这个老人感到十分欣慰。去年，福泉山遗址又传来好消息，在土墩的北侧再次发现高等级良渚墓地。作为老一代的上海考古工作者，我衷心希望上海的考古事业能够继续兴旺发达下去，不断有新的进步，这也算是我对年轻人的期望吧！

五

君子如玉 化春风

五

君子如玉化春风

皎皎白驹
上德若谷
谦谦君子
温其如玉
春风化雨
春雨润物

学术垂范

忠于事业

人格魅力

德被后昆

2011年在书房

学术垂范

在上世纪末与本世纪初,我又见到了他的两部大作——《崧泽》和《福泉山》,这应该是更加强了他在南方新石器时代考古研究中的学术地位。总的说来,我认为他是一位开创上海田野考古的主要领导者和实践者,特别是对上海的具体地点来命名的"崧泽文化"和"马桥文化",以及对"良渚文化"的分期研究有着很大贡献的卓越考古学家。

(原南京大学历史系考古专业教授、江苏省暨南京市文物管理委员会委员蒋赞初:《开创上海田野考古的领军人物——我印象中的黄宣佩先生》)

1978年8月,江南地区印纹陶学术会议(左起黄宣佩、牟永抗、蒋赞初、高志喜、王劲、周世荣、安金槐)

黄宣佩先生一生从事田野考古工作，主要是研究长江下游地区的史前考古，他是田野考古的开拓者和和践行者之一，先后主持发掘了著名的崧泽遗址、福泉山遗址、马桥遗址，以后又提出了"崧泽文化"的命名和"马桥文化"的命名。这两个考古学文化的命名，得到了考古界同行的公认。黄宣佩先生主编的《崧泽》《福泉山》等考古报告，体现了他扎实的考古学功底、丰富的田野考古经验、严谨的学风和深厚的学术造诣。在繁忙的业务、行政领导工作中，他又给我们留下了许多卓有建树的学术论文，为探索中国史前文化来源和发展关系，为研究中国文明的起源和形成的问题，作出了重要的贡献。

（原浙江省文物考古研究所所长刘军）

黄宣佩先生在中国考古事业上的贡献。大家已提到了崧泽文化的命名、马桥文化的命名，确实对我们长江下游地区史前时期和史前到商朝时期的交界时期的文化性质，对它的定位作出了重大的贡献。从今天考古事业的发展来看，崧泽文化对我们研究中华文化、中华文明的起源，是中间一个很重要的环节。

（原南京博物院考古研究所所长邹厚本）

黄宣佩先生是我们上海地区田野考古的奠基人，是我们长江下游地区考古工作的开拓者。他不仅为上海地区、为我们长江下游地区、为我们南方地区，而且为我们中国的考古学事业，都作出了重大贡献。我认为这个评价一点都不过分。

上海地区那么多遗址，崧泽、马桥、金山、亭林、戚家墩、广富林等遗址，都是黄宣佩和他带领的团队发现和发掘的，几个重大遗址都是他领队前去发掘的。今天上海的考古学者能在原来的基础上对这些遗址不断进行新的发掘，进一步研究，也写了很多文章，我们很高兴地看到很多遗址像广富林遗址变成一个遗址公园。这么多年来,考古部的同志们在旧有的基础上进一步发掘,进一步提高,进一步突破,进一步开拓。但是树有根,水有源,取水不忘挖井人,对黄宣佩先生的开拓之功,我们永远不会忘记。不仅我们上海地区的文博工作者们不会忘记,我们中国的考古学人也不能忘记。

(原江西省博物馆馆长兼省文物考古研究所所长、
江西省博物馆名誉馆长彭适凡)

五

崧泽文化和马桥文化的发现和命名,是上海考古界的一件重要事情。马桥文化的命名,实际上是水到渠成,提出来之后在学术界并没有什么异议。崧泽文化的情况则完全不同。在某种意义上,可以说崧泽文化是黄宣佩先生"硬"叫出来的。为什么这么说呢?大家知道,关于华东地区早于龙山文化的新石器文化,南京博物院早在1950年代就命名了"青莲岗文化",后来随着资料的增多,发现南北地区之间文化内涵差别太大,就以青莲岗文化"江北类型"和"江南类型"来加以修补和区分。到了20世纪70年代后期,越来越多的新发现证明,长江以南的环太湖地区和淮河以北的海岱地区,新石器文化的主体文化因素不同。如何调整认识以适应当时考古发现的实际,学界产生了不同的意见。总体来讲,环太湖地区和黄淮下游的海岱地区应该分属于两个大的新石器文化系统。夏鼐先生认为,应该避免使用较为笼统的"青莲岗文化"这个名称。在长江下游的环太湖地区,良渚文化以前的文化遗存,他建议称为马家浜文化,其内部可以划分为两个类型,早期是马家浜类型,晚期是崧泽类型。严文明先生则建议把江南地区早于良渚文化的遗存,称之为"草鞋山文化",北方海岱地区早于龙山文化的遗存,可以分为早晚两大期:早期为青莲岗文化,以大汶口墓地为代表的晚期为大汶口文化。

黄宣佩先生在上海博物馆发掘的崧泽墓地成果的基础上,认为以崧泽墓地为代表的一类遗存,与之前的马家浜类型和之后的良渚文化,均有相当大的差别,文化内涵丰富,自身特色明显,应该将其独立为一支新的考古学文化,即崧泽文化。对此，当时的考古学界是存在争议的，现在看来黄宣佩先生的意见是对的。我个人认为，黄宣佩先生对上海地区乃至整个环太湖地区新石器文化性质的认识和把握，比我们都要精准许多，并且敢于坚持自己的观点和认识。他的学术贡献不仅仅是命名了崧泽文化，更重要的是命名背后的学术支撑，即系统、严谨和深入的考古学研究。

最近十几年来，上海地区的考古工作呈现出一个非常好的发展态势。黄宣佩先生亲自发掘过的崧泽墓地正在建立考古遗址博物馆；黄宣佩先生投入极大精力的福泉山遗址，不仅提升为国保单位，近年又发现了新的贵族墓地，在学术上有重大突破；黄宣佩先生认为的上海城市早期发展的一个重要阶段——青龙镇遗址考古，发掘工作已经开展起来并逐渐走上正轨；特别是广富林遗址的工作，经过上海博物馆考古部的长期发掘和研究，明确提出一个与龙山文化大体同时的新考古学文化，即在年代上介于良渚文化和马桥文化之间的广富林文化，填补了两者之间的文化缺环。在上海地区这么一个狭小的地理单元内，从马家浜、崧泽、良渚、广富林到马桥文化，并与后来的吴越文化相连接，从而构建起一个新石器时代后期以来的完整考古学文化发展序列。国内外同行注意到，上海地区的考古规模越来越大，成果日益丰硕，这些都与黄宣佩先生的工作和研究所奠定的坚实基础密不可分。

（山东大学东方考古研究中心主任栾丰实）

在学术上，他是上海考古的奠基人，也是长期以来上海考古工作的主管者、领路人。就讲现在我们长江下游地区的史前文化，虽然现在是往上推了，推到万年的上山文化、跨湖桥文化，但太湖流域的史前文化序列，马家浜文化、崧泽文化、良渚文化、马桥文化（当然现在有钱山漾，也有广富林），四个考古学文化命名中，上海独占两个。崧泽文化、马桥文化，它们的发掘者和命名者都是黄宣佩馆长。

除了考古，他是上海市文管会委员，地面文物保护、上海的古建筑维修，他做了很多工作。上海松江的方塔等维修,发现很多文物,都是他第一手的。区县博物馆的定位,比如嘉定博物馆有文庙,以孔子儒家为主;青浦出了崧泽遗址、福泉山遗址,青浦博物馆就是搞史前文化,金山有元代黄道婆,所以定位纺织;这些他都是周密考虑的。他对上海不仅仅是考古上,对整个上海的地面文物保护,区县博物馆的定位都非常准,现在还在发挥作用。

(浙江省文物考古研究所研究员王明达)

1991年11月,参观丁村遗址(左起黄宣佩、牟永抗、王明达)

  黄宣佩先生是当代中国著名的考古学家、上海考古事业的奠基者和领路人。

  1958年省、市管辖区域调整,黄先生的考古志向有了用武之地,于是立即开始调查发掘,并很快有了重大收获。他的一系列丰硕研究成果表明,上海不仅有古可考,而且在全国考古领域占有一席之地。马桥和崧泽的发掘奠定了黄先生在考古学界的学术地位,今天我们仍以早在几十年前上海就成为两个考古学文化的命名地而感到自豪。20世纪80年代黄先生主持福泉山发掘,因为确认了良渚文化人工堆筑高土台、发现了连续堆积叠压的文化层和精美绝伦的玉器、陶器，使学术界重新认识距今五千年的中国有了全新的材料，也改变了上海从小渔村直接跨越到大都市的传统看法。黄先生根据考古第一手资料研究上海成陆过程，论据坚实，结论准确，是上海历史地理的重大学术成果。他晚年主编《上海考古精粹》，以图文并茂的形式展示了为之奋斗一生的上海考古成就。

黄先生也是上海文物的守护人，为上海的文物保护事业作出了巨大的贡献。20世纪80年代中叶之前的上海博物馆考古部是一个很大的部门，承担了考古发掘、文物保护、上海史研究和展示等多项工作。作为长期担任考古部主任和分管考古工作的副馆长，黄先生是这些工作的领导者之一和直接负责人。20世纪90年代上海博物馆新馆筹备、建设时期，黄先生更是承担了文物保护的绝大部分领导和具体工作。

（原上海博物馆考古研究部主任宋建：
《上海考古的奠基者》）

1999年，在青浦崧泽遗址（左一宋建、左三黄宣佩、左四刘军）

黄宣佩老师一生从事考古事业，并取得了辉煌的成就，全是靠他自己勤奋好学、不懈努力取得的。解放前，在上海地方史研究中，并无考古这一门类，更何况传统观念认为，上海本是冲积平原，历史短暂，古代只是一个靠海的渔村，史称"沪渎"，故无古可考。事实上，黄宣佩老师在他50多年的考古生涯中，带领一班人马，日以继日，年复一年，竟然发现了上自新石器时代、下至汉代的古文化遗址30余处，并在他的指导下，经过科学发掘和研究，为探索上海的历史，为上海市成为历史文化名城作出了巨大贡献。

（原上海博物馆考古研究部副研究馆员王正书；
原上海博物馆考古研究部研究馆员周丽娟）

忠于事业

　　我与宣佩先生的相识是在1954年暑期的中央第三届考古工作人员训练班。

　　当年的这届中央考古训练班有近两个月时间在北京大学进行课堂教学。讲课的老师都是当年考古界的领军人物，如裴文中、夏鼐、苏秉琦、贾兰坡、宿白等先生，还有比较年轻的安志敏和王仲殊等先生，以及教考古摄影和绘图等技术课程的赵铨等先生。然后有一个月左右至西安半坡村遗址实习，还有一个月左右在西安白鹿原进行墓葬发掘的实习。在这三个阶段的学习中，我发现宣佩同志不仅学习认真，而且善于提问，令我这个才疏学浅的辅导员常常应付不了。因此，在课堂教学阶段，我就带他去请教安志敏先生和王仲殊先生等我比较熟悉的年轻教员。在遗址实习阶段，就带他去请教我的学长石兴邦先生。在墓葬实习阶段，就带他去请教辅导组组长王仲殊先生，并且都得到了令他满意的解答。所以，这次中央考古训练班的学习，可能是他后来成为一名有着突出贡献的考古工作者的一次关键性的经历。

　　20世纪70年代，由于南京大学创办了考古专业，我们又有了多次的业务交流。譬如1973年在苏州吴县草鞋山遗址的发掘工地，因该遗址的文化层最厚处达11米，是当时太湖流域发现的最典型的史前遗址。宣佩先生等就自上海专程前来深入考察，向主持发掘的南京博物院汪遵国先生等详细询问遗址的文化分层，并观摩出土的遗物，也同我们参加实习的南京大学考古专业的教师进行了交流。接着，又于1975年在湖北荆州楚国郢都纪南城的"考古大会战"工地上见了面。当时，工地上有以北京大学考古专业为首的多所大学的考古专业师生，以及全国四五个省市级博物馆的考古队，在纪南城内分工合作发掘战国至秦汉的遗址和墓葬。宣佩先生前来的任务，一是慰问上海博物馆考古队，二是观摩纪南城内的各处考古工作。由于我与上博考古队的同志住在一起，所以与宣佩先生又有了较多的交流。随后，又于1976年、1977年和1978年先后在江苏宜兴的古陶瓷研讨会、南京的长江下游新石器时代学术研讨会以及庐山的南方印纹陶学术研讨会上见了面。在南京的研讨会上，我在论文中曾经提出了应该将"崧泽文化"单独命名；在庐山的研讨会上我又提出了"马桥文化"应该单独命名的建议。但在与宣佩先生交换意见时，他仍采取慎重态度，说需要再做一些发掘和进一步的研究工作。

（原南京大学历史系考古专业教授、江苏省暨南京市文物管理委员会委员蒋赞初：《开创上海田野考古的领军人物——我印象中的黄宣佩先生》）

应该说黄宣佩先生在命名崧泽文化时相当谨慎，他在发掘崧泽遗址以后，感觉这个主要的文化内涵跟马家浜不一样，它有独特的文化面貌。我记得有一次开会的时候，他特别问我，"老邹你看怎么样，这个能不能命名？"他专门讲这个事，说明他很慎重很严谨。第二，他对浙江、江苏的关系特别重视，任何重要发现都要到现场去参观指导。我们江苏有一个很重要的遗址，就是昆山赵陵遗址，我们当时第一期发掘以后，就感觉这个遗址很重要。黄宣佩先生到昆山参观过赵陵遗址后，针对下一步到底怎么做，我们征求过他的意见。他也很敞开地表示，应该做哪一块，该怎么来做，所以他对我们的工作给予了指导。我记得1977年跟他第一次接触，就是在宜兴发掘了一个唐代古窑址，看现场的时候他特别认真细致，对我们的工作提了很多意见，我印象特别深。另一件事是我们浙江、上海、江苏三家联合编写了一本《良渚文化玉器》，当时从选题，到撰写论文，到提供照片，我们三家合作得相当密切，这是我们当时考古界的蜜月期。《良渚文化玉器》图录出版以后影响很大，为了怎样命名、江浙沪怎样排位，三家都相当融洽，当时我记得是上海排在第一、浙江第二、我们第三。我今天讲这些，应该算是小事。黄先生在学术上的贡献，除了是上海考古的奠基者，是长江下游地区考古的开拓者，我感觉黄宣佩是我们考古专家队伍中第二代的代表人物之一，也就是我们新中国建立以后自己培养的专家的代表人物。

  今天，我们对他的怀念，第一要肯定他的学术贡献，学习他学术严谨和执着学习的态度；第二，作为文化遗产的保护者，黄宣佩先生在这方面作了很大的贡献，在基层文博队伍建设、文物保护方面，他也作了贡献，这是我们应该学习的地方；第三，他为人谦和团结，这一点我们都应该很好地学习；最后，我希望我们浙江、上海和江苏，更好地继续合作来做研究，让整个考古事业得到更大的发展。

（原南京博物院考古研究所所长邹厚本）

  黄先生退休后仍然参与学术，笔耕不辍，对上海考古取得的每项成就都充满欣喜，或积极参与，或密切关注，并全力支持。2002年我们同中国社科院考古研究所共同筹办了"长江下游地区文明化进程学术研讨会"，黄先生撰写论文，会上多次发表重要演讲。2008年松江广富林遗址大规模发掘，引起公众和媒体的极大兴趣，东方电视台组织一档考古节目，请黄先生到发掘现场指导工作并回忆往昔。正值潮湿闷热的梅雨天，先生侃侃而谈，仿佛又回到了60年代刚发现广富林时的快乐时光。有黄先生这样的老一辈考古学家压阵，实况直播非常成功，掀起了上海公众考古的一波高潮。

（原上海博物馆考古研究部主任宋建：《上海考古的奠基者》）

20世纪90年代，在崇明博物馆（左三黄宣佩、左四周丽娟）

黄宣佩老师毕业于上海水产专科学校，1952年，作为优秀青年被选拔到上海博物馆工作。进馆后，馆领导为培养青年，选派他去国家文物局举办的考古训练班，接受专业培训。他勤奋好学，深深懂得"凡操千曲而后晓声，观千剑而后识器"的人生哲理，在不到一年的时间里，很快掌握了来自西方的考古学方法和考古学理论。宣佩老师学成回来后，正值解放初期百废待兴的大好时刻，大规模的兴修水利、平整土地等农田基本建设项目的实施，为宣佩老师的考古抱负提供了客观条件。因为只要动土，埋藏在地下的文物就会暴露出来。50年代的上海，郊区农村特别是边远地区仍是相当落后，没有公路，甚至没有电灯，野外考古调查全凭两条腿走路。在上海6100平方公里的土地上，宣佩老师基本上每个角落都要去跑。当时他年轻，体格壮实，又刚刚从考古班训练出来，年少气盛事业心很强。古人云"骥一日而千里，驽马十驾则亦及之"，宣佩老师对待工作，就有这么股锲而不舍的进取精神，再苦再累都要亲自去调查，亲手采集出土文物标本。青浦崧泽遗址的发现就是靠他两条腿不厌其烦地跑出来的；浦东严桥唐代捍海塘遗址的发现和采集的唐代遗物，也是靠他用麻袋背回来的；奉贤柘林遗址、金山亭林遗址的发现，也都是他用汗水换来的。其艰辛程度在我们这些后学者心目中是永远不能忘怀的。因为当我们投入老师怀抱，从事考古事业的历程中，也尝到过这种艰辛，有时一天走几十里路，甚至无处买饭吃。那时野外发掘，都是自带棉被，住的是农家破房陋屋，睡的是潮湿、霉变的着地稻草铺；碰到抢救性发掘，无论严寒、酷暑，都得顶着上。更难以忍受的是与墓葬中的古尸打交道……。但我们的老师总是身教重于言教，他说，这就是考古，这就是我们的工作。

（原上海博物馆考古研究部副研究馆员王正书；
原上海博物馆考古研究部研究馆员周丽娟）

我和他接触比较频繁的是搞学术研究。在新石器时代遗址的考古发掘中，以前一般较多见的是陶器、石器等出土物，所以他对石器、陶器的研究较多，后来在崧泽文化、良渚文化遗址中，先后发现了大量玉器，如玉璜、玉玦、玉璧、玉琮等，从此他对玉器的研究也开始比较重视了。1977年、1978年起，我在上博分管工艺部，后来成立专业研究部，玉器就是我们工艺部分管的范围。当时，馆内有很丰富的玉器藏品，其中包括一批史前时期的早期玉器。老黄因考古发掘中出土了一批新石器时代的玉器，因此对这一时期的馆藏玉器也产生了兴趣。由于这些馆藏文物都是传世品，没有确切的出土地点，缺乏断代上的依据，里面很可能混杂了一些时代上不确切或者文化归属上不确切的藏品，我和工艺部的同仁们也希望加强这方面的研究。我们和老黄一起开展了早期玉器的研究，逐件研究它的玉质、制作工艺、玉料的来源等。老黄在研究中，经常以各地出土文物为依据来进行探讨和比较，对我们有很大的帮助和启发，他非常支持我们的研究工作。

1991年，我、老黄、张尉一起去新疆和田考察。我们去了玉龙喀什河，这是一个专出和田玉的地方。新疆和田玉分为山玉和籽玉，又称"山料"和"籽料"，山玉从山上滚下来到河床，长期受到水的冲击后，质地变得特别纯净，特别细洁，叫籽玉。我们三个也都赤脚去水里摸玉，在河里摸了很久一块玉都没摸到，全是石头。究其原因，一是玉早就都被人摸走了，另外一方面当时也不是山玉冲刷下来的季节。正巧两个新疆老人也在水里摸玉，他们倒是蛮好的，看我是女同志，就送给我一块籽玉。这块玉料现在就摆在工艺部作为标本。那年考察，我们拜访了许多老乡，看了许许多多的玉料，有成品也有标本。我们还带回了一些馆藏的唐代玉器的照片求教，看看究竟是不是新疆的玉器琢工。这次考察使我们对山玉、籽玉等各方面的认识上有很大的提高，也搞了一批玉料标本。

1989年，我和黄馆长、李峰三个人去河南南阳，考察南阳独山玉矿。这矿务段在下面是特别深的，下去的梯子高得很，我没敢下去。老黄胆子大，不顾个人安危，为了学习，直接从很高很高的梯子爬下去了。此行之后，我们对玉脉、山脉，哪里可能有玉，都学到了点知识。另外对玉质怎么识别，也有了些了解，当然这也不是一下子学得会的。后来，老黄、我、张尉和王正书四个人，又到辽宁省岫岩县去考察，也找了点岫岩玉标本回来。这几次的实地考察，对我们研究玉器的玉料及其相关问题都有很大的帮助。

（原上海博物馆工艺部主任朱淑仪）

1989年6月，参观克孜尔朶哈千佛洞（右二黄宣佩、右三朱淑仪）

50年代到上海博物馆工作一直是常年如一日。老先生的治学态度非常严谨。考古工作非常艰苦，他长期在一线，上海所有的考古工地他都跑遍。上海地下是南方水网地区，它的地下水位很高，所以一般来说都是在寒冬腊月，也就是冬天去野外考古发掘几率最高，老先生考古照片都是穿着老棉袄的。那时冬天，给我的感觉就是冷，特别冷，因为野外没有遮挡。老先生从50年代开始一直从事这样一份工作，就是做了副馆长以后，他也是身先士卒，在野外一线，条件非常艰苦，老先生这种治学的精神是年轻人的榜样。

（上海博物馆副馆长李峰）

黄馆长不顾过自己已经八十高龄泰然答应，要帮助上海大学建立一个出色的大学博物馆。黄馆长在考古学界有很高的号召力，在他的号召和出面联系下，争取到了上海、浙江、江苏、江西考古界文博界的许多前辈、领导同仁的鼎力协助，在座的很多先生都是我们上海大学高级顾问委员会的委员，为我们上海大学博物馆的建设出谋划策，提出了宝贵的经验。在2011年的5月，上海大学正式聘请黄宣佩先生担任上海大学博物馆的名誉馆长，这是对我们上海大学非常高的荣誉，也是对我们上海大学建成博物馆一种非常强大的推动力。黄馆长自担任我们博物馆的名誉馆长后，他不顾自己年事已高，曾经要亲自带领我们到江浙去调查去联系，去争取各方面的支持，可惜由于他身体不太好最终没有成行。但是他为我们馆鉴定了无偿捐赠的良渚玉器，成了我们第一批得到的非常好的无偿捐赠。黄馆长还在他家里接待我们博物馆的年轻同志，搜集整理马家浜、崧泽文化的文物、文献的照片资料，做出了两本图册，为我们争取藏品、设计陈展奠定了基础。

（原上海大学博物馆馆长、
上海大学历史系教授陶飞亚）

人格魅力

黄宣佩先生是中国考古训练班三期的，1953年、1954年文化部和北大办过四期训练班，号称是我们文物界的"黄埔"。由于我们共同搞史前文化，从发掘工作也好，研究的对象也好，同属一个学术领域，因而经常性地一起活动，我从上海博物馆黄馆长这里学到了很多。黄馆长对上海的考古工作作出的贡献，确实在我们中国的考古界是有目共睹的。不仅仅是学术上面，他为人非常好，热心、没有架子，和大家相处得非常愉快。

在全国，他在考古界也是元老。全国考古人到上海博物馆，都是先找黄馆长，不管什么事，黄馆长总是都给你安排好。比如说上博的修复力量，热释光测定都是领先的，修复、测定这些方面都找黄馆长解决安排。我要特别提到的是1986年的余杭反山遗址发掘，他得到消息之后，马上就和方行、马承源等领导一起跑到我们反山发掘工地考察。上海博物馆考古部门唯一的一次全体出动就是在黄馆长的安排下，由孙维昌同志带队，王正书、张明华、周丽娟和刚刚参加工作不久的宋建等全体出动，在反山考古工地参观交流了两天。当时反山12号墓还未起取文物，14号墓发掘清理了一大半，大家在14号墓坑边上留下了珍贵的合影。

当时反山的良渚文化大墓内发现了不少难得一见的嵌玉漆器，如何起取这些已和泥土混粘在一起的文物是个大难题，黄馆长特地派来了吴福宝师傅。吴师傅在考古工地住了二十天，帮我们并一起用特殊的办法起取了这些"宝贝"，后来在上海博物馆修复、剥剔，复制了三件嵌玉漆器。

20世纪八九十年代，江浙沪的考古工作在环太湖流域的史前文化发现和研究上取得了丰硕的成果，互相交流频繁，大家来往如同一家人，其中黄宣佩馆长学术上有见解，待人如长辈，又没有架子，给大家留下了深刻的印象。

2000年，上海博物馆筹备全国唐宋元明清的玉器学术研讨会，黄馆长与朱淑仪、王正书、张尉四人全国19个省市跑下来了，三年的准备工作，整个的筹建工作，黄馆长都一起参与挑选发掘品。这次国际会议，是有史以来人数最多、规格最高的国际性会议。世界上各大博物馆的主管、考古文博专家都来参加，尤其在玉器领域的知名专家欢聚上海，会议办得精彩成功。这是他退休以后做的重大的学术活动。

我们彼此了解、尊重，每次我到上海博物馆去，黄馆长会非常周到地给我安排，到现在想起来心里都是热乎乎的。我觉得是他的为人好，赢得了大家的敬重。黄馆长一个是学者身份，另一方面他又像个绅士，正式场合他一定是西装领带，穿得非常正规。除非上工地，一般场合开会，他一定是西装革履，头发梳得非常服贴。我觉得做人第一，你做人好了，学问又好，才会永远使人怀念！

（中国文物学会玉器专业委员会副会长、
浙江省文物考古研究所研究员王明达）

我和黄宣佩先生是在20世纪70年代初，在武汉开会的时候认识的，时间已经过去了三四十年，在这么长的时间里，我跟他差不多每年都会有一次在开会的时候相见。我感到黄宣佩先生长期担任上海博物馆的领导，在待人接物、为人处事方面堪称典范。他没有一点官架子，为人谦和、广结良缘，浙江省文物考古研究所和上海博物馆的考古学者，建立了亲如兄弟、情同手足的密切关系。我们之间在考古领域，有什么新发现总是第一时间互通信息、互相参观、相互学习、一起切磋，促进了我们两地的文物考古工作者、文物考古事业的共同发展。当我们工作中遇到了困难，或者有什么要求的时候，不管是公事还是私事，只要向黄馆长提出，他总是满腔热情地帮助我们予以解决。我们感到这是非常难得的，我们浙江很多次的工作都是在他的帮助下得以完成的。河姆渡文物的年代测定，反山的发掘，也是他给予了很大的帮助。

黄宣佩先生对我们浙江省文物考古研究所来讲，是一位不可多得的朋友，我们内心十分感动。黄宣佩先生的精神和他对中国考古事业的贡献，永远值得我们学习和怀念。

（原浙江省考古学会常务副秘书长兼秘书长、
浙江省文物考古研究所所长刘军）

　　我与黄宣佩先生的交往相识，第一次也是在1977年江苏宜兴。"文革"以后的1977年，江苏南京博物院召开了一个长江下游学术讨论会，在这个会上，我和黄宣佩先生彼此认识。会议之后我们约好到上海博物馆参观，由黄宣佩同志陪同，不仅参观博物馆陈列，而且参观了库房里很多遗址出土的文物。黄宣佩先生就陪着我一个人，一边参观，一边交流。那时候，我作为江西一名普通的考古工作者，与上海的关系不像江、浙、沪三地联系那么密切，所以这事令我非常感动。第二年1978年6月27日，为了筹备庐山的江南地区印纹陶会议，我们再次到上博参观，受到黄宣佩同志的热情接待，他陪我们到福泉山去参观。黄宣佩先生一路上给我们详细介绍，而且特意把他用热释光最新测出的崧泽遗址、马桥遗址的文物年代告诉我们，给我们这次会议很大的支持，对我们撰写这次会议的论文也给予了支持。1978年的8月24日到9月3日，庐山的江南地区印纹陶讨论会顺利召开，上海博物馆黄宣佩等代表上博参加了这次为期11天的会议，他们带来的一篇论文《太湖地区几何印纹陶遗存的分期》，后来收录到我们的论文集里。黄宣佩先生带来许多标本在会上展示给大家看，包括崧泽、马桥、亭林、查山遗址出土的印纹陶标本。他还作了一个学术报告，这对我们的会议是很大的支持。1984年，我走上了领导岗位，担任博物馆的馆长兼文物考古研究所的所长，我们联系就更加密切了，交流也越来越多。从文物的年代测定，到展品合作、联合考古调查等方面，合作都非常密切和顺利。

　　经过长期接触，我深深感到黄馆长对于事业的无比执着，对于朋友的诚恳热情，对于学识的勤奋严谨。黄宣佩先生一直讲，我是有什么材料说什么话，有几分材料说几分话,这才是考古学。黄宣佩先生这种让事实说话、让材料说话的观点,这种治学严谨的精神和作风,让人敬佩。

(原江西省博物馆馆长兼省文物考古研究所所长,
江西省博物馆名誉馆长彭适凡)

老黄不仅在学术研究上对我们馆内的同志有帮助,而且他在工作中也十分谦虚。我们之间因为熟悉都直接喊他黄宣佩,从不喊他黄馆长,他也无所谓。学术观点上出现分歧,有不同意见就直接和他对着争,他总是耐心听取大家的见解。黄馆长身上就没有一种傲气,文人学者身上的一种傲气,老黄是平易近人、虚心、诚恳待人。这种精神是值得介绍一下的。他不仅是对我们这些长期相处的人,他对兄弟省市的同行也是一样的。兄弟省市也出土非常珍贵的良渚文化遗物,比方说浙江出土的良渚文化玉器,数量多且质量精。他与浙江考古所、浙江良渚博物院、常州博物馆,还有南京博物院的专家都经常往来。他们来到上海,他也一定招待他们来观摩上博馆藏的精品,共同研究探讨。大家看的时候有共识,也有不同观点,有争论,也有分歧,这时候老黄就会虚心地听取大家的意见,并且表示我们之间可以各自保留不同的观点。所以他们在工作上、学术上都跟老黄相当好,关系非常融洽,互相尊重。考古界把他作为前辈,很尊重、很敬重他。所以在他80岁的时候,浙江考古所、良渚博物院、台湾玉器收藏家在良渚给他搞了一个八十寿庆,请了上海、浙江、江苏、安徽、南京还有北京的同行老友,许多考古界的同仁聚在一起给他庆祝,这说明大家对他的敬重。我、王正书、张尉作为上海代表也被邀请出席了这次寿庆。这次活动他也相当高兴,拍了许多照片,每人都有一本他的寿庆活动照片相册。说明老黄在兄弟省市同行中,也是影响非常大的,被作为一个老前辈来尊重,这与他平时和大家的友好合作也是分不开的。

忆及10年前,为纪念上海博物馆建馆50周年举办的"中国隋唐至清代玉器学术讨论会",在筹办期间,得到了黄馆长的热忱帮助和指导。自1999

年筹办起，在他的带领下，张尉、王正书和我一起历时两年赴陕西、浙江、四川、辽宁、黑龙江等10多个省、市文物单位参观考察，并商借唐、五代、宋、辽、金、元、明各代出土玉器，使我们对这些时期的玉器有了全面的了解，尤其是鉴定真伪和断代方面获得长足的提高和进步。会议期间，与会者能看到百余件各个时期最具代表性的典型器，均觉得十分震撼，尤其是南宋、辽、金出土的玉器，因为这几个时代的玉器传世品很少，考古出土资料也不多，这些观摩品是还没有公开对外展出过的最新考古资料，会上展开了广泛的交流。这次玉器学术议论会开得很成功，我们这支团队借助黄馆长在考古界的影响，商借到各地出土的文物，才得以如此顺利地圆满完成任务。2001年，由黄宣佩主编、王正书撰稿出版了《上海出土唐宋元明清玉器》。两年中，我们相处十分融洽，他丝毫没有馆长的架子。一次乘坐朝阳到北京的夜车，买不到卧铺票，也没买到座位票，我们只能在车上站立着，火车行驶数站后，得到一位乘客同情，挤让出座位一角，黄馆长才有幸得到片刻休息。

（原上海博物馆工艺部主任朱淑仪）

1999年，在四川广汉三星堆博物馆
（左起王正书、黄宣佩、朱淑仪、张尉）

1996年6月，参加济南中国玉器鉴定会
（左起邓淑蘋、黄宣佩）

　　黄宣佩先生长期担任上海博物馆副馆长，他曾对我说，他和马承源馆长、陈佩芬副馆长之间有过口头约定，大家都不能只做行政工作，一定不可放弃学术研究。所以，黄馆长主持了重要的田野发掘，如崧泽遗址、福泉山遗址等，他曾告诉我：在田野中做考古发掘的感觉真好。大家都很熟悉黄馆长在这方面的成就，自不必由我多言。

　　黄馆长对学术研究的敏锐度很高，虽因地缘因素全力奉献江南地区史前考古，事实上他对其他学术课题也保持高度兴趣，尤其是与上海博物馆藏品有关的课题。诸如齐家文化玉器、宋元明玉器等。

　　黄馆长用心地付诸实践，带着上海博物馆的朱淑仪先生、王正书先生、张尉先生一行人到甘肃、青海各考古所、博物馆去考察。黄馆长和王正书先生分别在 1998 年出版的《东亚玉器》、2005 年出版的《上海博物馆集刊·10》发表专文。这是博物馆界将馆藏齐家文化玉器做科学性系统研究很好的典范。

黄馆长还做了一件非常重要的、极具开拓性的工作。他率领上海博物馆同仁到全国各地考察考古出土的唐宋辽金元明各代玉器，并在 2001 年 11 月举办"中国隋唐至清代玉器学术讨论会"。这不是一般的学术会议，因为有了前述先驱性工作，上海博物馆向全国各地借来重要的出土玉器，让所有与会学者都能在会议前，亲自上手检视这些玉器，然后，当晚再由上海博物馆工作人员将玉器放入展览柜中，次日正式展出。这是多么重要的学习机会呀！此外，所有与会者都获赠一本《上海出土唐宋元明清玉器》，书中将广大的上海地区出土的玉器出版。次年，《中国隋唐至清代玉器学术讨论会论文集》也正式问世。中世纪以后玉器的研究一直是学术界中的弱项。黄馆长自己也是主攻新石器时代考古，但他大公无私，充分利用馆藏资源，积极地推动齐家文化玉器研究，以及唐宋辽金元明的玉器研究，奠定了上海博物馆在玉器研究上的重要地位。

（台北"故宫博物院"器物处研究员邓淑蘋）

黄馆长的热心肠在江浙沪文博考古圈内是出了名的，王明达先生说"只要浙江的考古工作者去上海，他都会热情接待"。对于这一点，我深有体会。1999 年我主持发掘的海盐周家浜遗址，出土了一件玉背象牙梳和两件刻鸟纹的陶双鼻壶，都急需修复，而浙江没有这方面的力量。情急之下，我就直接给黄馆长打了电话，他二话没说，马上就给四处联系安排，两件双鼻壶交给上博的蒋道银老师修复，如今就展陈在新建成开放的海盐博物馆。玉背象牙梳虽然由于吴福宝师傅去世，上博无人承接，但黄馆长也给出了一系列的修复建议。

2004 年后，我调往良渚遗址管委会工作，联系良渚文化博物馆并负责新馆建设的前期工作，在展陈文本策划、展陈设计和施工招投标、库房建设等一系列环节中，一遇到问题，马上想到来上海博物馆学习取经，而每次来上海，黄馆长不仅亲自出面提早帮我们联系好相关部门,而且不顾自己年事已高,每次都到馆里陪同我们。良渚博物馆新馆开放前,准备征集一件带有刻划符号的玉璧,浙江省三位鉴定委员仔细鉴识后一致认可,但我们仍旧有些不放心,想到上博也藏有一件刻符玉璧,就给黄馆长打电话,希望能携着欲征集的玉璧来上博,跟那件刻符玉璧当面比对一番。黄馆长欣然答应,请工艺部从库房里提出那件刻符玉璧,自己和张尉老师跟我们一起在接待室进行了反复的比对,为最终的征集下定了决心。

"交关开心",是我听黄馆长经常说的口头禅,在我印象中,他并不仅仅只是如此说说而已。黄馆长生于1930年,一生经历了战争年代和"文革"等历次运动,受过的磨难、吃过的苦头、遭遇到的烦恼,可想而知,但每次见到他,总是乐呵呵的,脸上总挂着那标志性的灿烂笑容。知足常乐,说说容易,实际上却是常人很难企及的人生境界。

2001年6月,参观桐乡新地里考古发掘工地(左起蒋卫东、黄宣佩)

《诗》云"言念君子，温其如玉"，在我心中，黄馆长真正达到了"温其如玉"的境界。他一生在学术方面取得的成就，许多是开创性的，对于我这样的晚辈来说，只有高山仰止、景行行止的份了，但他的为人处事，虽然同样是标杆，是榜样，却是我这样的晚辈可追、可思和可学的。

（中国文物学会玉器专业委员会理事、
原浙江省良渚博物院院长蒋卫东）

德被后昆

我同黄先生相识于1978年8月，那时我在北京大学进修，随北大教授们到江西庐山参加"南方印纹陶学术研讨会"。因为对上海的考古有特殊的家乡情怀，所以对黄先生所作的学术报告特别关注。那一年马桥遗址的发掘报告刚在《考古学报》发表，因其层位清晰，材料丰富，被不少学者引用。我对马桥的兴趣也源于此时。1980年暑假期间到上海博物馆向黄先生求教，并提出想看马桥文化的出土品，先生欣然应允，随后打开考古部文物库房，让我用手触摸马桥，使我研究马桥更有底气。

我到上海博物馆之前，黄先生就是我的老师，1987年后既是我的老师，也是我的领导。记得1986年黄先生带队在福泉山发掘，我去发掘工地学习，先生详细介绍与指导，并一起在考古队搭伙的重固公社食堂用餐。对那次现场听课印象很深，对我当时正在撰写的硕士学位论文有很大帮助。次年导师蒋赞初先生又请黄先生担任我的论文评阅人。

黄先生学问严谨扎实，有一分材料说一分话，但对其他学者甚至后辈提出的观点，即使与自己的看法有所不同，总是以包容的方式一起探讨，绝不全盘否定。福泉山墓地的发掘实际上为良渚文化的分期提供了最完整的层位关系，先生将该墓地的良渚文化墓葬分为五期，这基本上涵盖了整个良渚文化分期、代表了良渚文化发展全过程。而我将良渚文化分为四期6段，首先在1987年的学位论文上提出，1997年良渚发现60周年时在讨论良渚文化兴衰过程时再次发表。先生是我学位论文的评阅人，评语中对我的分期方案有不同看法，后来又详细询问过这样分期的思路。我到上海博物馆后，黄先生是我的直接领导直到退休，但从未因为学术看法的差异而引申出学术以外的其他事情。黄先生的学术境界一直是我学习的榜样。

同黄先生在一起连续从事学术活动时间最长的一次是90年代初的"中国文明起源考察"。环太湖地区是早期文明进程中心之一，受到中国社科院考古研究所文明起源研究小组的高度关注。为了加强交流，共同探讨，该小组同环太湖地区两省一市及辽宁省共同到黄河流域考察龙山和夏商时期最重要的几处都邑遗址。黄先生安排我同他一起代表上海参加活动。当时我到上海博物馆没几年，就作为最年轻的考察组成员参加了这次在"中国文明起源研究史"上可圈可点的重要活动，真是十分荣幸。这段时间我同黄先生以及其他学术前辈朝夕相处，学到了很多东西，为自己日后在"文明探源"领域的深入奠定了良好基础。

（原上海博物馆考古研究部主任宋建：
《上海考古的奠基者》）

文物工作是一门特殊的工作，它在于知识的积累，而且是多学科的。所以，对每一位考古人员的要求必须有吃苦耐劳和潜心钻研的工作态度。宣佩老师对晚辈的培养极为重视，他经常说：业精于勤，荒于嬉；行成于思，毁于惰。花草之流，可以悦目，徒有春花，而无秋实。一个年轻人要有远大的志向，写论文固然重要，但其基础首先是懂得文物，然后才能拓宽视野。回想当年福泉山发掘，宣佩老师是领队总负责，他把发掘探方的任务分别安排给年轻人独立操作，白天大家各自在工地上发掘，晚上在一起汇总，谈现象，谈体会，谈收获，通过交流、总结经验，并写好工作日记，然后为我们制定第二天的工作计划。

作为长辈，他对年轻人从生活到业务都无微不至地加以关怀。我国古代

1981年，考古队员晚上在住宿地讨论考古工作（右一王正书、左一黄宣佩）

文学评论家刘勰曾经说过："人禀五才，修短殊用；自非上哲，难以求备。"宣佩老师不但对年轻人持有真诚的态度，对其他年长的同仁，也是如此，绝不求全责备，而是按照各人的性格特点，尽量发挥他们的长处，即使他身居副馆长的要职，对待下属，总是纡尊降贵，随和相处。

黄宣佩老师的一生，是注重实践的一生，他的成果体现在发现和创立上。他朴实、厚道，他一生不断进取的品格，犹如一盏明灯，为考古界同行所赞许，为后学者指明了方向。上海地方虽小，但在全国考古领域始终占有一席地位，这是与宣佩老师50多年的奋斗分不开的。令人欣喜的是，宣佩老师已被列入建国以来100位考古学家名录，这是对这位慈祥老人的最大慰藉。

（原上海博物馆考古研究部副研究馆员王正书、
原上海博物馆考古研究部研究馆员周丽娟）

对黄先生印象比较深刻。我大学实习是在福泉山考古发掘，选择我进上海博物馆考古部的，是黄宣佩馆长，他分管考古部。老先生给我的感觉，一是他非常平易近人，在"长三角"考古界，他是上海考古的一个领军人物。

另一方面印象深刻的是他关心我们后辈。当时我20多岁刚毕业，看到黄馆长应该是高山仰止，他已经是副馆长了，但是他还是非常平易近人，有什么不懂去请教他，他很耐心，指点我学业、专业上的方向。当时也是年纪轻，有时候会比较松，老先生就提醒我。平常时候他也关心我们的工作、生活，一点架子也没有。应该说，生活上是关心的，工作上是严格要求的。

印象最深的就是我参加考古领队班一事。1993年底到1994年初的第7期考古领队班将要开班，黄馆长把我叫到办公室，告诉我有这样一个提高的机会。当时他跟我说："去，在郑州，考古工地条件都是很艰苦的，但是还是希望你克服困难。"我当时有点犹豫，因为我妻子怀孕，但是老先生还是跟我谈，希望我以事业为重。因为要做考古领队，一定要有领队班的经历，也"不要给上海的考古丢脸"，因为考古领队班都是集全国各地考古的精英。我听从了他的话，老先生给我很大的鞭策。也总算不负老先生的期望，拿到了考古领队证书，这是很不容易的。

后来黄先生因为年龄关系，从领导岗位退下来了，仍在做很多的研究工作。他有机会碰见我，还经常问我："你现在工作情况怎么样啊？好不好？"我也常常去看看他，作为他的晚辈和学生，关心老馆长生活上有什么需求照顾，他给我的感觉就是没有任何需求、没有任何要求。他总归说"随便"，要么"蛮好蛮好"。真的非常低调、非常朴素，他潜心做他的业务，没有对单位、组织提出任何要求，可以说是无所求的。这给我印象很深，我也服务了不少老人，有些人要求很多的，但是黄馆长没有。用朴素的话说，他是对单位组织没有要求，尽量不给别人添麻烦的人。

他是一个治学的严谨、平易近人、关心下一辈的老专家、老领导。

（上海博物馆副馆长李峰）

我初识黄馆长是在20世纪90年代初期，当时他已是功成名就的著名考古学家和上海博物馆德高望重的老馆长，但跟我们这些年龄差他三四十岁、刚刚入行的晚辈交谈时，一点都不摆谱，态度永远亲切、温和、儒雅、谦逊。1996年冬，纪念良渚遗址发现60周年国际学术讨论会在余杭市临平大酒店召开，会议期间，特意安排代表们前往西湖边的浙江省博物馆参观良渚文化特展。我们浙江考古所的几个年轻人见黄馆长"好说话"，便在参观过程中不断向他请教，而他始终笑眯眯地、不厌其烦地回答，最后几乎成了我们这群年轻人的专职讲解员。

长期以来，上海博物馆与浙江考古所在考古业务方面交往密切，起初也得益于黄馆长与牟永抗先生"黄埔班"的同学情谊，尤其应归功于黄馆长温和、谦逊、低调的为人方式。20世纪90年代中期开始，我参加或主持了嘉兴南河浜、海盐周家浜、桐乡新地里等遗址的考古发掘，黄馆长和上博考古部的老师，总是首先莅临的省外专家。黄馆长在仔细观看完遗址和出土的文物后，总会应我们要求，提一些问题和建议，他清晰的思路、广阔的视野，常让我们这些晚辈啧啧称奇，而他的问题和建议也总能切中关键。每次见面，他都会以"卫东，蛮好！"来鼓励我这样的晚辈，我的信心顿时爆棚。

最近10多年来，每年元旦我都会给熟悉的师友同行寄贺岁的明信片或贺年卡，黄馆长每年收到贺卡后，都会打电话给我，致谢并询问些近况，最后是一通祝福。2013年3月，在收到上博转送过去的贺卡后，处于重病状态的黄馆长依旧打电话过来，这是他跟我的最后一次通话，当他以虚弱的声音又一次致谢并问候、祝福我和家人时，我禁不住潸然泪下。这是怎样的一位老人啊，如此地没有门户之见，如此地关心和提携晚辈，如此地温和周到。

（中国文物学会玉器专业委员会理事、
原浙江省良渚博物院院长蒋卫东）

附录

黄宣佩年谱

郭骥／编

附录 黄宣佩年谱

黄宣佩年谱

黄宣佩（1930—2013），著名考古学家，上海地区田野考古的奠基人，长江下游地区考古学研究的开拓者之一。他长期致力于中国新石器时代与长江下游地区考古研究，先后领队主持发掘了马桥、崧泽和福泉山等古遗址，发现了上海地区成陆年代的科学依据，发现了上海最早的古人，使研究上海史的年代推前至六千多年前，在考古学上获得了"崧泽文化"和"马桥文化"的命名，完善了长江下游考古学文化谱系，促进了中国文明起源与形成的研究，被学界推崇为上海考古第一人。

1930年（出生）

10月8日　出生于浙江省鄞县横溪乡石桥村。父亲黄立槐（1904年生），字昭兴，曾任崇明宝丰轮船轮机长，后任外轮轮机长。母亲徐杏翠（1905年生），浙江省鄞县徐东埭村人。

1933—1935年（3—5岁）

1933年　跟随母亲前往上海，住在南市花衣街吉安里6号的双亭子间。
1935年，因时局不稳，跟随母亲回到故乡，在石桥小学上学。

1936年（6岁）

1月　前往上海，住在花衣街吉安里。
7月　就读于上海南市生园中小学幼稚园。
是年　住在八仙桥，每逢父亲轮船返回上海时，全家会在船上居住数日。

1937年（7岁）

8月　"八·一三"淞沪抗战时逃难回乡。

1938年（8岁）

年初　全家迁居香港九龙。
7月　就读于香港九龙的教会学校圣约翰小学（一年级）。

1939 年（9 岁）
7 月　转至九龙的林森中小学就读（二年级）。

1940 年（10 岁）
春夏　父亲病重住院，每天陪母亲前去探望。
9 月　全家从香港返回上海。
12 月　父亲去世，家庭陷入困境。就读于上海生活小学（三年级）。

1941 年（11 岁）
12 月　太平洋战争爆发，学校临时停课，物价飞涨，举家返回宁波故乡。

1942 年（12 岁）
春　就读于宁波石桥小学，从上海的三年级下直接跳级读四年级下，被学生会推举为生活股长。
8 月　因石桥小学无高小班，转至邻村徐东埭小学读五年级，担任学生会主席。

1943 年（13 岁）
8 月　因徐东埭小学无高小六年级，转至甲村甲南小学就读六年级，当选股长，参加学生团前往各区中心小学作学生会交流活动。

1944 年（14 岁）
夏　小学毕业，因家贫无力升初中读书，闲居在家，每天跟随邻居上山砍柴。
11 月　跟随小舅父前往上海找工作。
12 月　在江宁路上的新仙林舞厅当拉门小郎，代人管理寄放自行车。

1945 年（15 岁）
年初　新仙林舞厅歇业，失业回家。
2—8 月　在山西路的南京酒家账房间当练习生，帮会计解送钱款去银行。

1946年（16岁）

1月 受叔父资助，就读北京路的乐群中学，跳级至初中一年级下，因期终考试位列第三，获得学校奖励。

1947年（17岁）

春夏 就读于乐群中学初中二年级，担任级长。

8月 初中未毕业，在叔父安排下报考并就读位于崇明学宫的江苏省立水产职业学校。

1948年（18岁）

夏 暑假跟随叔父的轮船往返于上海和天津，在驾驶舱实习。

是年 就读于江苏省立水产职业学校，学习航海驾驶，课程包括立体几何、球面三角等。

1949年（19岁）

年初 学校迁至上海县闵行。

4月 因战争临近，江苏省立水产职业学校解散。

5月 返回宁波乡下生活。

9月 经介绍在树桥头村的村庙小学担任教员，全校只有一名教员兼校工，40余名学生分三个班级上课。

同月 转至石桥小学担任教员，第一学期担任三年级班主任、五年级算术和体育老师。

1950年（20岁）

春夏 小学经费短缺，教员只供吃饭，停发工资。第二学期担任五年级班主任和六年级算术老师。

秋 前往上海寻找工作，住在叔父家。

冬 在叔父与人合办的纬中机器厂里当会计。

1951 年（21 岁）

夏　纬中机器厂关闭。

7 月　接到通知，在华东师范大学参加毕业考试，随后获得江苏省立水产职业学校渔捞科毕业证书。

8 月　前往山西运城面粉厂安装蒸汽机，做杂务工。

1952 年（22 岁）

2 月　从运城回到上海，晚上在夜校补习英语，同时在失业知识分子处和失业工人处登记，寻找工作。

5 月初　接到区里通知，参加上海市文物管理委员会招聘考试，并顺利通过。

5 月 16 日　进入上海市文物管理委员会，参加政治学习，随后被分配到博物馆筹备处工作。

6—8 月　学习历史和文物知识。

10 月　上海市文物管理委员会新招聘一批青年知识分子，担任组织学习的小组长，不久小组合并，担任大组长。

12 月 21 日　上海博物馆开馆，馆址位于南京西路 325 号（今上海市历史博物馆）。上海博物馆隶属上海市文物管理委员会，杨宽为首任副馆长。担任中国古代书画展厅引导组副组长。

1953 年（23 岁）

1 月　提交入团志愿书。

3 月　书画展览结束，改任群众工作部的导引组组长，组织组员学习十大陈列室的讲解内容，建立了一套组织观众讲解的办法。

7 月　上海博物馆划归上海市文化局领导。

9 月　加入中国共产主义青年团。

10 月　上海市开始普选人民代表的工作，受派遣参加普选工作，担任黄浦区选区黄河路片区的负责人，宣传组织选举全国人民代表，同时进行计划供应粮油的宣传和统计。

是年　在市级机关（市政府直属机关）召开的第一届体育运动会上获得奖项。

1954 年（24 岁）

3 月 普选工作队工作结束，调回上海博物馆。

春 由于成绩突出，被评选为"上海市文化先进工作者"。

7 月 前往北京参加文化部社会事业管理局、中国科学院考古研究所、北京大学合办的"第三期考古工作人员训练班"。全班学员 90 余人，后来陆续担任各省的考古所所长、博物馆馆长，成为文博界的骨干，被称为考古界的"黄埔三期"。

9—10 月 参观周口店的中国猿人和山顶洞人遗址，后一个半月到西安郊区的半坡遗址作田野考古实习。

11 月 "第三期考古工作人员训练班"结业，第一次测验成绩 97 分，第二次测验成绩 99 分，第三次测验成绩 99 分，田野实习简报等级为良。

年底 水产局通知可以从事航海驾驶工作，经征询组织意见，决定放弃航海驾驶专业，留在上海博物馆工作。

1955 年（25 岁）

2 月 14 日 上海市文物管理委员会改名为上海市文物保管委员会。

2 月 担任上海博物馆保管部征集组副组长。

是年 被评为 1955 年度上海博物馆"先进工作者"。

1956 年（26 岁）

2 月 10 日 参加上海博物馆举办的"庆祝上海进入社会主义社会欢渡第一个春节联欢大会"。

6 月 上海博物馆成立研究部，担任研究部考古组组长，主任为馆长杨宽。

8 月 提交入党志愿书。

8—9 月 与马承源一起，随同蒋大沂前往山西省考察石雕艺术，在荆村等地做新石器时代遗址调查。

10 月 25 日 加入中国共产党成为预备党员，次年 10 月转正。

是年 在上海各处考察调查。被上海市文化局评为 1956 年度"积极分子"。

1957 年（27 岁）

春 随同蒋大沂前往浙江绍兴、上虞、百官一带调查越窑窑址。

6月　市委常委王一平兼任上海博物馆馆长（1957年6月至1958年5月），言行任副馆长。

12月　参加文化局下放干部下乡劳动锻炼运动，作为领队在嘉定县北新泾丰庄农业社生产二队参加劳动，担任第二队副队长兼任队长秘书，后创办农业中学，担任教务主任，兼授代数课。

1958年（28岁）

2月　与同在博物馆工作的邢丽芳结婚，并举办简朴的婚礼。

9月　因青浦、金山、松江等十县陆续从江苏省划归上海建置，被调回上海从事地下文物发掘和保护工作。担任上海市文物保管委员会古墓葬清理组（考古组）组长，后调入上海市文化局社文处担任下属博物馆纪念馆的联络员。

秋冬　参加市委赴金山文化调查组，在宝山月浦发掘黄盂瑄墓，召开现场会。

11月　调回上海博物馆，后被调往上海市文管会第二处，担任考古组长。

是年　全国掀起"大跃进""人民公社"和"大炼钢铁运动"，在淀山湖发现打捞到的石器、陶器、骨器和各种动物骨骼，由此发现由陆变湖的淀山湖遗址。

1959年（29岁）

是年　组织各县文物普查，举办"什么是文物"科普展览。通过调查和农村干部上报，先后发现从新石器时代到汉代的古文化遗址20余处，改变了上海无古可考的传统观念。

9月　上海博物馆迁至河南南路16号中汇大楼（原中汇银行），馆舍面积增至10000多平方米。

12月　前往湖北武汉参加长江流域考古队长会议。

12月29日—次年2月5日　担任考古领队发掘上海县马桥遗址，发掘面积达2000平方米，这是上海第一次真正意义上的田野考古发掘。后因发现的文化类型独特，被命名为考古学上的"马桥文化"。

1960年（30岁）

5月26日　加入上海历史学会。

夏　带领全组前往青浦练塘公社考察泖塔和周围文物。

9月　上海市文管会与上海博物馆合署办公，担任地方历史研究部考古组长。

11月23日—12月12日　担任考古领队试掘青浦崧泽遗址，发掘了六个探方，面积44平方米，发现了丰富的新石器时代遗存。

11月　上海市文物保管委员会主任徐森玉兼任馆长，沈之瑜任副馆长。

是年　由于马桥遗址发掘取得丰硕成果，考古组被评为"上海市文化系统先进集体"和"上海市青年先进集体"，个人获得"上海市文教先进单位先进工作者"奖章。

是年　参加上海市文化局组织的千人乒乓赛并获奖。

1961年（31岁）

5月21日—6月18日　担任考古领队第一次正式发掘崧泽遗址，发掘面积457平方米，清理新石器时代墓葬50座。首次在本地区发现马家浜文化遗址。

9月12—21日　担任考古领队试发掘松江广富林遗址，发掘面积63平方米。

1962年（32岁）

是年　崧泽遗址被列为上海市文物保护单位。

1963年（33岁）

3月8—28日　担任考古领队第一次发掘金山戚家墩遗址，发掘面积32平方米。

是年　开始参加博物馆党支部扩大会。

1964年（34岁）

5月15—30日　担任考古领队第二次发掘戚家墩遗址，发掘面积140平方米。

10月　全国发起社会主义教育运动，与马承源、王言夫、庄云霞等一起参加了金山县吕巷公社建富大队的"四清"工作队。

1965年（35岁）

5月　因上海博物馆大楼全面大修，为保护楼内文物安全，调回上海博物馆通宵值班负责安全工作。

1966年（36岁）

1月31日—3月9日　担任考古领队第二次发掘马桥遗址，发掘面积589平方米。

2月　担任上海博物馆地方历史研究部副主任。

5月　"文化大革命"开始，不久上海博物馆陈列被迫撤除。晚上组织全体职工通宵值班，预防有人冲击博物馆。

7月　经选举担任党支部委员，正式成为上海博物馆领导核心之一。

下半年　开展文物保护工作。

1967年（37岁）

1月　因"文革"被夺权，作为"当权派"靠边接受审查，遭到批斗被迫写检查，直到3月才获"解放"。

1968年（38岁）

2月　借调上海市文化局，进入审查市委宣传部副部长、原文化局局长、上海音乐学院院长孟波专案组工作。因处事实事求是，获得肯定。

1970年（40岁）

5月　调离上海市文化局，回到上海博物馆，调集两名考古人员成立小组。

1971年（41岁）

是年　在《文汇报》以及《考古》《文物》等期刊上发表文章，论争上海成陆的年代问题。

是年　上海博物馆考古组改组为考古部，担任部主任。党支部再次改选时，进入了支委行列。

1972年（42岁）

1月7—22日　担任考古领队试掘金山亭林遗址，发掘面积73平方米。

3月　担任上海博物馆地方历史研究部负责人。

5月1日　上海博物馆在"文革"闭馆后再度开放。上海市文物保管委员会与上海博物馆联合举办的"上海市出土文物展览"引起参观高潮，展出展品400余件，至8月底结束。此后博物馆陶瓷、青铜陈列室逐渐恢复。

10月31日　因巴基斯坦凯考培脱博士致信上海博物馆要求提供有关商周和周代的陶器资料及照片一事，代表上海博物馆拟函回复，提供了我国相关考古资料信息。

11月23日—12月14日　与王言夫共同领队发掘金山查山遗址，发现马家浜文化和马桥文化遗存，出土石器、陶器和骨器百余件。

是年　带领上海博物馆考古部新招的实习青年前往金山发掘查山遗址，作为考古实习项目。

1973年（43岁）

11月19—22日　担任考古领队发掘青浦果园村遗址，发掘面积60平方米。

12月11—29日　担任考古领队第一次发掘亭林遗址。发掘工作分两个阶段进行，此次为第一阶段，发掘面积100平方米。

是年　前往江苏苏州吴县草鞋山遗址考古工地考察。为筹建陶瓷陈列室，与庄云霞、汪庆正、朱淑仪等前往福建福州、泉州等地考察。

1974年（44岁）

7月16日—8月3日　为配合青浦县崧泽中学兴建校舍工程，担任考古领队第二次发掘崧泽遗址，发掘工作分三个阶段进行，此次为第一阶段，发掘面积30平方米。

1975年（45岁）

5月15日—6月30日　担任考古领队发掘亭林遗址，此次为1973年开始的第一次发掘工作的第二阶段，发掘面积70平方米。

9月9—27日　担任考古领队发掘崧泽遗址，此次为1974年开始的第二次发掘工作的第二阶段，发掘面积70平方米。

是年　前往湖北荆州楚国郢都纪南城考古工地考察，慰问上海博物馆考古工作队。

是年　被文化局评为先进工作集体（上海博物馆考古部）的代表。

1976年（46岁）

7月17日—8月6日　担任考古领队发掘崧泽遗址，此次为1974年开始的第二次发掘工作的第三阶段，发掘面积235平方米。清理发掘新石器时代墓葬32座和石器制造场地一处，三次发掘出土石、玉、骨、陶器数百件，为研究和确立崧泽文化提供了丰富的资料。

10月　"文化大革命"结束。

是年　前往江苏宜兴参加"古陶瓷研讨会"。

1977年（47岁）

是年　前往江苏南京参加"长江下游新石器时代学术研讨会"。

1978年（48岁）

夏　前往江西庐山参加"江南地区印纹陶问题学术讨论会"。

是年　专著《崧泽——新石器时代遗址发掘报告》出版。

1979年（49岁）

2月26日　担任上海博物馆副馆长，兼考古部主任。馆长为沈之瑜。上海博物馆在陈列部成立青铜、陶瓷、书画、工艺四个专题小组，根据工艺美术史策划陈列内容。

11月2日—12月1日　试掘青浦福泉山遗址，发掘面积130平方米。

是年　前往浙江龙泉窑址考察。

是年　加入中国考古学会。

1980年（50岁）

2月　受聘为上海市文物图书收购鉴别委员会委员（上海市文物书画暨特

种手工艺品出口鉴定委员会委员）。

11月　前往杭州参加"中国考古学会第二次年会"。

是年　在《关于良渚文化若干问题的认识》一文中提出"崧泽文化"。

1981年（51岁）

6月6日　受聘中国社会科学院研究生院王仁湘硕士学位评审委员会委员，参加考古系中国新石器时代考古专业1981届毕业生王仁湘的毕业论文答辩。

10月　参加"江苏省考古学会第二次年会暨吴文化学术讨论会"，发表《马桥类型文化分析》。

12月8—13日　前往杭州参加"中国考古学会第三次年会"，会上认定"崧泽文化"的命名，并将年代确定在以嘉兴为中心的马家浜文化和以余杭为中心的良渚文化之间。

是年　前往广西贵阳参加编辑"全国名胜古迹"会议。

是年　受聘为上海市文物鉴定委员会委员。

1982年（52岁）

9月6日—12月8日　担任考古领队第一次发掘福泉山遗址，发掘面积205平方米。

12月17日　为筹备"上海博物馆珍藏中国青铜器展览"前往香港艺术博物馆，在香港历史博物馆作"上海考古""中国长江下游太湖地区新石器时代考古发现"等专题演讲，与大学教授和收藏家进行座谈、学术交流。至次年4月10日返沪。

1983年（53岁）

4月　中共上海市委宣传部批复同意由上海市文物保管委员会筹建上海地方历史文物陈列馆，上海历史文物陈列馆筹备组设立，黄宣佩任组长。

5月2日　上海博物馆在美国旧金山亚洲艺术博物馆举办"六千年的中国艺术展"开幕式，展出展品232件，分为上海出土文物、青铜器、陶瓷器、绘画、工艺美术品五个大类，是一个综合性的中国艺术品展。该展在旧金山、芝加哥、休斯敦、华盛顿四地展出19个月,于次年11月结束,观众达82万人次。展览获得美国"艺术特别成就奖"。

11月30日—次年1月21日 担任考古领队第二次发掘青浦福泉山遗址,发掘面积1000平方米。

1984年(54岁)

5月12日—12月12日 率团前往美国休斯敦和华盛顿举办"六千年的中国艺术展"巡展,并应邀在哈佛大学、纽约亚洲协会作题为"中国太湖地区新石器时代玉器"的演讲,在马里兰大学作题为"上海博物馆的陈列"的演讲,在乔治华盛顿大学作题为"六千年中国艺术鉴赏"的演讲。因在休斯敦成功举办展览和进行学术交流,获得休斯敦市长颁发的荣誉市民证书。

8月23日 在美国《北美日报》发表《"六千年中国艺术展览"中的上海地区的考古发现》。

10月 上海博物馆举办了"青浦福泉山遗址出土文物展览"。

1985年(55岁)

2月25日 上海博物馆调整领导班子,马承源为第四任馆长,黄宣佩、李俊杰、汪庆正任副馆长,胡建中任党总支副书记。沈之瑜馆长离休,改任名誉馆长。

9月1日 受聘担任复旦大学历史系文博专业研究生导师,讲授考古学、玉器等课程,并指导研究生毕业实习和撰写毕业论文。

9月6—20日 前往香港,筹备刘作筹"虚白斋画展",编写展品目录,检查展品现状。

1986年(56岁)

1月2—14日 前往日本东京、大阪举办"扬州八怪画展",随后又前往奈良等地参观,在成田山广胜寺受到住持的接待。

4月 前往云南昆明参加"全国考古发掘与文物普查工作会",并前往石林参观。

7月10日 受聘为上海市文物鉴定委员会委员。

8月24日—9月5日　前往香港，返还刘作筹的收藏。

12月3日—次年1月10日　担任考古领队第三次发掘青浦福泉山遗址，此次为第一阶段。获重大收获，被称为"中国的土建金字塔"，是研究中国古代文明起源的例证。

是年　前往浙江余杭反山遗址考古工地考察。

1987年（57岁）

1月13日　参加"吴越文化学术讨论会"。

1月　前往河南洛阳参加"文物出口政策研讨会"，考察嵩山少林寺。

1月　受聘担任上海大学文学院兼职教授。

1月　上海博物馆升格为副局级单位。

3月3日—4月17日　担任考古领队第三次发掘青浦福泉山遗址。发掘工作分两个阶段进行，此次为第一阶段。

3月17日　陪同上海市人大代表视察松江天马山护珠塔修复工程、青浦福泉山考古发掘工地以及上海地方文物陈列馆。

3月22日　为上海市局级以上干部作"上海地区考古"讲座。

5月20日　受聘担任南京大学历史系考古专业研究生宋建毕业论文评阅人。

5月26日　受聘为上海市地方志编纂委员会委员。

7月29日　当选上海市政协文化委员会委员。

10月13—20日　前往美国纽约参加"中国文人书斋展"开幕式。

12月10日—次年1月7日　担任考古领队第三次发掘青浦福泉山遗址，此次为1986年开始的第三次发掘的第二阶段。第三次发掘面积共计800平方米。

12月　通过上海市文物博物专业高级专业技术职务研究馆员任职资格评审。

是年　兼任上海市文物保管委员会委员。

1988年（58岁）

3月14日　续聘为上海博物馆副馆长。

4月　当选为上海历史学会理事。

7月　受聘担任复旦大学历史系文博专业研究生孔令琴的指导老师。

7月10—16日　前往辽宁沈阳祝贺谢稚柳、陈佩秋画展开幕，考察新乐遗址博物馆、凌源牛河梁遗址、北陵（皇太极墓）、东陵（努尔哈赤墓）、沈阳故宫等。

7月　当选上海市政协文化委员会委员。

9月13—29日　前往联邦德国汉堡参加"中国艺术——上海博物馆藏文物展"开幕式，在汉堡艺术博物馆作题为"灿烂的中国新石器时代良渚文化"的演讲。随后前往不来梅、慕尼黑、科隆、西柏林等地参观，并作航空考古观察。

10月11日　上海市人民政府下达《恢复上海市文物管理委员会名称及调整领导成员的通知》，上海市文物管理委员会恢复独立建制，上海博物馆仍旧划归市文管会领导。

10—12月　在上海市委宣传部党校学习。

12月　担任上海博物馆党委委员。

1989年（59岁）

2月21—27日　前往日本名古屋参加"中国文房四宝展"开幕式。

春　前往河南南阳考察独山玉矿。

5月20日　前往湖南长沙参加中国考古学会第四次年会，当选为学会第三届理事。

9月13—27日　前往苏联莫斯科东方艺术博物馆作学术交流。

10月27日　受聘为上海市考古发掘资格初评组副组长。

11月　担任上海市文博专业技术职务（高级）任职资格评审委员会委员。

1990年（60岁）

5月　受聘为上海市文物系列中级专业技术职务任职资格评审委员会副主任委员。

6月5—8日　前往江苏沙洲市参加"中国滨海地区考古学术讨论会"。

7月6—31日　参加上海市文物管理委员会在上海博物馆举行"良渚文化学术讨论会"并主持会议。"上海地区良渚文化展览"同时在上海博物馆展出。

是年　参与嘉定博物馆全面改建工作。

1991年（61岁）

1月　前往福建福州参加"全国考古工作会议"。

5月28日　受聘为《上海文物博物馆志》编纂委员会副主任。

5月　前往浙江宁波、奉化、舟山等地考察。

6月24日—7月19日　前往新疆乌鲁木齐、吐鲁番、和田等地，考察戈壁滩、坎儿井、交河古城、高昌古城、火焰山、葡萄沟、龟兹石窟、库尔吐拉千佛洞等古遗址。随后前往甘肃，考察敦煌莫高窟、鸣沙山、炳灵寺石窟。又前往陕西，考察茂陵、昭陵、乾陵、法门寺等。

9月　前往内蒙古呼和浩特参加"中国考古学会年会"，考察昭君墓、玉塔寺、大昭寺等。

10月12—16日　前往山东济南参加"纪念发掘城子崖遗址六十周年国际学术讨论会"。

1992年（62岁）

4月7—13日　前往香港博物馆出席"上海博物馆馆藏良渚文化珍品展"开幕式，主持"良渚文化学术研讨会"并作学术演讲。在香港电视节目《香港的早晨》中，通过问答的形式介绍"良渚文化珍品展"，并播放幻灯片资料。

4月　前往浙江宁波参加"宁波服装博物馆陈列方案研讨会"。

7月14—21日　前往美国洛杉矶参加"董其昌画展"开幕式。

12月　上海博物馆为庆祝建馆40周年活动举办"四十年来成果展"，同时奖励谢稚柳、黄宣佩、汪庆正、陈佩芬、李俊杰、丁义忠、钟银兰、陈元生、朱淑仪等9名有40年馆龄的老同志。

是年　中共上海市委和上海市人民政府决定上海博物馆建造新馆，选址人民大道201号，位于人民广场中轴线南侧。

90年代初　参加"中国文明起源考察"学术活动，前往黄河流域考察龙山和夏商时期最重要的几处都邑遗址。

1993年（63岁）

1月　受聘为上海市文物管理委员会"上海市出境文物鉴定委员会"副主任委员。

3月 前往广东珠海参加"全国考古学报会",随后前往深圳考察。

4月4日 当选上海市政协文化委员会委员。

7月 为筹办"全国文物精品展",前往云南江山南考察并观摩文物。

8月24日 参加市文物管理委员会召开的区、县级优秀博物馆、优秀社会教育基地表彰会并致辞。

8月28日—9月5日 前往日本名古屋参加"中日书画展"开幕式。

秋 前往山东济南参加"中国考古学会年会",随后前往曲阜考察孔府、孔庙、孔林。

10月1日 获得国务院颁发的"政府特殊津贴"证书。

年底 与宋建一起考察马桥遗址。

1994年（64岁）

4月22—24日 前往浙江余姚参加"中国河姆渡文化国际学术讨论会"。

5月20日 参加奉贤博物馆新馆开馆仪式,并为博物馆揭牌。

5月22—28日 前往日本大阪参加"中国书画名品展"开幕式,随后前往京都、神户、奈良考察。

7月4日 担任嘉定区法华塔维修工程领导小组组长。

10月19日—11月21日 担任考古领队第四次发掘崧泽遗址,此次发掘分两个阶段进行。

是年 主持修复松江西林塔。

1995年（65岁）

2月 受聘为国家教委华东师大"城市与环境考古遥感开放研究实验室"学术委员会委员。1997年9月续聘。

3月26—29日 前往浙江嘉兴参加"马家浜遗址40周年纪念活动"。

4月20—29日 前往日本佐贺有田町参加上海博物馆与日本朝日新闻社、日本国有田VOC株式会社联合举办的"上海博物馆珍藏·中国陶瓷名品展"开幕式。展览至10月10日结束。

5月9日 崧泽第四次发掘因马桥抢救性发掘暂停之后,重新继续进行,前往崧泽遗址发掘工地。

5月11日—6月11日 担任考古领队第四次发掘崧泽遗址，此次为1994年开始的第四次发掘工作的第二阶段。第四次发掘共计93平方米。

7月14日 担任松江李塔修缮领导小组组长。

7月26日 前往北京参加全国文物局外事工作会议。

8月15—22日 前往湖南长沙参加"长江中游史前文化暨第二届亚洲文明学术讨论会"。

8月30日 前往奉贤考察江海古文化遗址，确认其为新石器时代古文化遗址。

9月 前往陕西西安参加全国文物工作会议，随后考察汉长城、未央宫、秦阿房宫、秦始皇兵马俑等遗址。

10月30日 为上海市文化干部（原文化局）培训班第二期学员作"文物保护与管理"讲座。

11月 前往浙江宁波参加"中国文物博物馆学会代表大会"，受聘为学会顾问，并作学术演讲。

11月29日 前往湖北武汉、荆州为上海博物馆陈列借展玉器。

12月 前往江苏苏州吴县草鞋山考察新发现的六千年前水稻田遗址。随后前往浙江安吉、遂昌等地考察土墩墓。

是年 上海博物馆新馆局部建成，试行开放。

1996年（66岁）

1月27日 在《新民晚报》发表《最早的古人在青浦崧泽》。

3月28日 陪同中国台湾玉器学会张天骏先生前往浙江杭州考察灵隐飞来峰摩崖石刻。

4月28日—5月4日 陪同日本收藏家黑川和郁子夫妇前往江苏苏州、常州、镇江等地参观博物馆和馆藏文物。

6月11—14日 前往浙江杭州、余杭、海宁、嘉兴、嘉善等地考察。

6月16日 前往山东济南参加"中国文物学会玉器研究会理事会暨中国玉器鉴定研讨会"，随后考察曲阜，参观孔庙、孔府、孔林。

10月12日 上海博物馆新馆落成，举行开馆仪式。

11月2—4日 前往浙江余杭参加"纪念良渚文化发现60周年国际学术

讨论会"。

12月18日—次年1月6日 应中国台湾玉器学会张天骏的邀请,偕同年永抗前往台北、高雄等地,考察台北故宫博物院、中华文物学会、台湾大学、台湾师范大学、台湾自然科技博物馆、鸿禧博物馆等,作"良渚玉器的分期""良渚玉器的分期、工艺与功能""崧泽文化玉器""崧泽玉器与良渚玉器的变白""原始文化序列,良渚、崧泽的特征"等十余场考古和古玉研究主题的学术演讲。

1997年(67岁)

1月 前往黑龙江哈尔滨考察。

6月 《上海文物博物馆志》由上海社科院出版社出版,担任常务副主编。本志记述了古今文物的状况,近世与当代保护文物和博物馆事业的发展轨迹,荣获"地方志编撰一等奖"。

7月28日—8月10日 前往台湾,参加台中自然科技馆"良渚文化特展"开幕式,并作学术演讲。

11月 卸任上海博物馆副馆长一职,退居二线。1979—1997年担任副馆长一职共18年。

是年 上海文物博物馆学会成立,担任学会常务副理事长。

1998年(68岁)

4月 前往四川万县武陵考察三峡考古工地,担任上海大学三峡考古队顾问,为参加考古发掘的上海大学学生授课。

5月 前往广东广州、广西柳州参加"长江文化学术座谈会"。

6月 前往台北参加"海峡两岸古玉研讨会",受聘为"中华民族文化促进会玉文化委员会中华玉文化中心"委员。

11月22—28日 前往香港参加香港中文大学"东亚古玉研究国际学术研讨会"。

是年 协助上海历史博物馆筹建古代上海陈列,协助青浦县博物馆改建陈列室,协助筹建宁波中国服装博物馆。

1999 年（69 岁）

3 月 26 日　在复旦大学为文博系师生作"良渚玉器"讲座。

4 月 1 日　在龙吴路上海博物馆考古部库房为复旦大学文博系师生作实物讲解。

4 月 26—27 日　前往浙江嘉兴参加"纪念马家浜文化发现 40 周年纪念会"。

9 月 18 日　为上海东方电视台拍摄"母亲河——黄浦江"节目，作有关上海考古重大发现与古代史部分的采访。节目以"上海母亲河"为题，于 10 月 1 日在上海东方电视台播出。

10 月 9 日　为上海市历史博物馆的员工作"上海考古"主题讲座。

10 月 17 日　为华东师范大学 21 世纪人才学院的第五期学员作"上海考古与良渚文化"讲座。

11 月　为纪念龙泉窑发掘 15 周年，考察浙江龙泉等地。

12 月　前往四川成都、重庆等地参加"中国考古学会年会"。

是年　当选为中国玉器学会理事。

是年　松江佘山秀道者塔修复工程竣工。

2000 年（70 岁）

1 月 5 日　重启筹建崧泽博物馆，由黄宣佩主持工作。

3 月 3 日　在复旦大学为文博系作"良渚玉器鉴定"讲座。

3 月　前往小洋山讨论南汇博物馆陈展方案。

6 月 6—12 日　前往江西南昌、吉水、吉安、井冈山以及浙江衢州等地考察，并商借唐、宋、元、明、清各代出土玉器。

7 月 18 日　《文汇报》刊登有关崧泽文化遗址博物馆筹建的采访内容。

8 月 6—12 日　前往四川成都、都江堰、广汉、南充、蓬安以及湖北荆州、武汉等地考察并借展玉器。

9 月 5—19 日　前往黑龙江哈尔滨、阿城，吉林长春，辽宁大连、鞍山岫岩、朝阳，以及北京等地考察并借展玉器。

10 月 31 日—11 月 5 日　前往北京参加北京大学"中国古玉高级研讨会"。

11 月 10 日　正式退休，工龄 48 年。上海博物馆续聘 5 年，继续以研究员的身份从事工作。

11月18—29日　前往陕西西安、宝鸡法门寺、延安，宁夏固原须弥山和六盘山、银川西夏王陵，青海西宁塔尔寺和日月山、青海湖，甘肃兰州、敦煌、天水麦积山、临夏炳灵寺等地考察并借展玉器。

12月18日　受聘为中国社会科学院古代文明研究中心专家委员会委员。

是年　在《上海博物馆集刊（8）》发表《上海考古五十年成就》。

是年　在《史前研究》年刊发表《良渚文化研究五十年》。

是年　主编的《福泉山——新石器时代遗址发掘报告》由文物出版社出版。

2001年（71岁）

2月20—22日　前往浙江杭州参加"良渚遗址申请世界文化遗产专家咨询会"。

3月　崧泽文化遗址入选"中国二十世纪一百项考古大发现"之一。

4月　入选"上海市文物博物馆系列高级专业技术职业任职资格审定委员会专家库"。

4月27日　前往四川成都考察金沙遗址、三星堆遗址和战国船棺墓葬地。王明达等同行。

4月30日　在龙吴路上海博物馆考古部库房为复旦大学文博学院学生讲授"良渚玉器"课程。

5月1日　受聘为台湾地质科学研究所"海峡两岸古玉学会议"学术委员会委员。

5月24日　前往北京辽金城垣博物馆考察金中都水关遗址。

5月27日　前往广东广州考察南越王宫遗址及陈氏书院。

6月11日　为筹建崧泽遗址博物馆，前往浙江桐乡考察。

6月28日　前往浙江杭州考察雷峰塔出土文物。

7月9日　陪同上海东方电视台拍摄上海水下考古节目《上海的水下遗址》（上海东方电视台8频道"星期五档案"第154期）并担任指导，随后前往金山朱泾和戚家墩。

7月10日　接受浙江省电视台采访，介绍有关良渚发现65周年以来的考古成就，以及上海福泉山遗址发掘研究成果。

7月17日　前往浙江桐乡新地里考古工地，接受上海电视台采访。节目于7月21日播出。

7月16—18日　前往浙江桐乡参加"新地里遗址发掘研讨会"。

8月11日　上海福泉山遗址被公布为第五批全国重点文物保护单位。

9月15—23日　经香港前往台湾台北参加"海峡两岸古玉学术会议"，在新北市莺歌陶瓷博物馆作"崧泽与良渚文化陶器"学术报告。

10月16—20日　为筹建崧泽遗址博物馆，前往辽宁沈阳、陕西西安等地，考察新乐遗址博物馆、半坡遗址博物馆、法门寺、乾陵、章怀太子墓、永泰公主墓和兵马俑博物馆等。

11月20—22日　为庆祝上海博物馆建馆50周年，召开"唐宋元明清玉器国际学术讨论会"。

12月13日　上海博物馆馆长陈燮君在《文汇报》发表的《城市的文化风骨》一文中，提到黄宣佩的学术观点。

是年　主编的《上海出土唐宋元明清玉器》出版。

是年　考察上海志丹苑元代水闸遗址，阐述发掘和保护并重的思路。

2002年（72岁）

3月16日　前往浙江衢州讨论衢州博物馆新馆筹建工作。

3月20—22日　前往小洋山讨论南汇博物馆陈展方案。

3月26—28日　前往浙江杭州参加"跨湖桥遗址学术研讨会"。

5月23—25日　前往浙江杭州参观新发现的良渚玉器制作场地和塘山遗址工地。

6月19—21日　前往安徽合肥、巢湖为上海博物馆借展玉器。

7月23—25日　参加由上海博物馆考古研究部和中国社会科学院考古研究所联合举办的"长江下游地区文明化进程学术研讨会"，会上确定"广富林文化"的命名问题。

是年　《上海工艺美术》（2002年第2期）刊登了胡缨：《古文化遗址：追寻上海先民的史迹》，称黄宣佩为"上海古文化遗址考古发掘的'第一人'"。

2003年（73岁）

1月1日　妻子邢丽芳(1929年4月20日—2003年1月1日)突发心梗离世，

享年74岁。黄宣佩、邢丽芳夫妇共同生活45年。

2月26日　在上海博物馆作"上海考古与城市文明"演讲。

3月3日　参加崧泽文化博物馆筹备工作会。

3月28日　在复旦大学文博系为本科学生和研究生讲授"良渚文化玉器鉴定"课程。

4月4日　在龙吴路上海博物馆考古部库房为复旦大学文博系研究生讲授"良渚玉器"课程。

4月16日　前往闵行博物馆参加马桥文化陈列室开幕式。

5月22日　参加崧泽文化博物馆馆舍设计方案评审会。

5月27日　前往南汇博物馆讨论陈展文物，开列需要调拨和维护的藏品目录。

5月28日　讨论南汇博物馆建设方案。

6月10日　在上海鲁迅纪念馆参加上海市文管会团委"先进团支部先进团员表彰会"并作发言。

6月12日　前往浙江海盐考察仙台庙遗址发掘现场。

8月6日　商讨南汇博物馆建设方案二稿。

10月11—18日　前往浙江杭州参加"第二届玉器与中国传统文化艺术讨论会"并作学术报告，随后前往临平参加"良渚文化学术讨论会"。

12月28日　应邀前往浙江杭州参加"衢州市博物馆陈列设计方案评审会"，担任评审组组长。

2004年（74岁）

1月　前往湖北荆州考察石家河文化玉器、战国丝织和漆器，随后前往武汉考察明梁庄王墓出土的玉器和金银器。

2月25日　在上海博物馆与原上海自然博物馆人类学雕塑家曹锦成商谈复原崧泽人像事宜。

4月27—29日　应常州博物馆馆长陈丽华之邀，前往溧阳平桥小梅岭调查透闪石玉矿，参观坑口并采拾标本。

5月11日　参加崧泽考古重大发现新闻发布会并发言，上海电视台、东方电视台、《新民晚报》、《解放日报》等采访报道。

5月14日　《北京日报》刊登《崧泽发现"上海第一人"》采访报道。

5月17—19日　前往辽宁大连参加大连大学"中国玉文化国际学术研讨会"并作演讲。

5月27—30日　前往浙江杭州参加"中国史前遗址博物馆委员会第五届学术研讨会"。

6月24日　前往松江博物馆参加"新馆陈列方案终审会"。随后前往农工商集团参加"农垦博物馆陈列方案评审会"。

7月20日　前往青浦博物馆摄制影视片，接受有关"上海青浦的考古收获与意义"的采访，拍摄内容约为100分钟。

9月27日　前往浙江嘉兴参加"马家浜文化发现45周年研讨会"。

10月14日　前往江苏南京，考察南京市博物馆新发现文物，出土地据传为南宋秦桧家属墓葬。

12月16—17日　前往浙江萧山参加由浙江省文物局和杭州市萧山区人民政府举办、杭州市萧山区文体局与浙江省文物考古研究所承办的"跨湖桥遗址学术研讨会暨《跨湖桥》报告首发式"。发言收录于2005年1月7日《中国文物报》的《聚焦跨湖桥》一文。

12月20日　应邀前往金山的查山遗址、亭林遗址和金山区博物馆，为金山电视台、金山区博物馆拍摄金山古文化电视片。

2005年（75岁）

1月18—20日　应邀前往江苏常州、浙江杭州等地考察玉器，随后前往浙江余杭、塘山良渚文化玉器制作遗址和反山现代的玉器厂参观，考察镇上玉雕工场一条街。

3月16日　前往浙江桐乡考察姚家山遗址出土的良渚文化玉耕、玉镰，以及一件刻有符号的石斧。

4月28日　前往浙江余杭参加"良渚文化博物馆筹建方案论证会"。

5月16日　完成《上海出土文物精粹》（后更名为《上海考古精粹》）的编审。

6月25日　前往青浦参加"打造绿色青浦，利用福泉山古文化资源与重固镇发展"研讨会，撰写《六千年古代文明曙光——福泉山》一文。

8月21—22日　前往浙江嘉善考察大往圩古遗址，参加"大往圩古文化遗址保护开放讨论会"。

10月25—26日　前往北京参加"考古培训班办班50周年"座谈会，各期的教员、学员都参加。

12月20日　前往浙江嵊州参加"小黄山新石器时代早期（距今9000年）遗址学术讨论会"。

2005年底　返聘期满，正式离开上海博物馆的岗位，工龄共计53年。

2006年（76岁）

1月10日　前往浙江余杭卡家山遗址考古工地，着重考察首次发现的良渚文化码头遗迹，带有彩绘的觚、杯、豆、盘等漆器，泥塑的水獭、大象和陶屋模型，以及用人头盖骨制作的钵。

1月11日　在《中国文物报》刊登的《专家谈：浙江嵊州小黄山遗址》一文中发表对小黄山遗址的看法。

1月18日　接受中央电视台《探索》栏目电话采访有关福泉山遗址和崧泽遗址出土彩漆绘陶壶的情况。在上海博物馆接受青浦电视台采访有关崧泽遗址和福泉山遗址的发现、发掘意义。后由青浦电视台制作电视片《上海第一人》，并在上海崧泽遗址博物馆中播放。

6月14—16日　前往松江参加"环太湖地区新石器时代末期文化暨广富林遗存学术研讨会"。

7月24—26日　前往上海市建委党校，为台湾逢甲大学"古文物专题研究班"讲授"史前玉器"。

8月20日　应邀前往真如寺参加《真如寺志》评审，讨论真如寺的保护和维修。受住持妙灵法师之邀为《寺志》作序。

9月1日　应邀前往青浦重固、赵巷，针对泥塑版画设计稿提出修改意见，并为"上海第一人""上海第一房"题字。

10月17日　在上海市文物管理委员会参加"崧泽遗址博物馆方案讨论会"。

10月25日　参加上海市收藏鉴赏家协会、天顺珠宝公司举办的"上海首届民间玉文化研展会"开幕式并作发言。

11月8—10日　赴杭州参加由浙江省文物考古研究所主办的"纪念良渚遗址发现70周年学术研讨会"，作"太湖地区新石器时代的玉琮"发言。

11月16日　在上海水产大学（今上海海洋大学）参加"鱼文化博物馆方案论证会"。

12月4日　在中国奥运大饭店为台北玉器协会理事长和学员讲授"良渚文化的特殊玉器及玉器的制作工艺"。

12月　主编的《上海考古精萃》由上海人民出版社出版，是书反映了上海考古50年的成就。

2007年（77岁）

1月4日　前往浙江绍兴嵊州参加"小黄山遗址发现的遗迹解读研讨会"。

1月16日　应邀为《福泉山——上海历史之源》题字"上海之源、文物宝库"。

2月13日　前往真如寺参加《真如寺志》发行仪式。

5月14日　在上海博物馆多媒体厅作"上海考古与远古历史"讲座。

5月16日　《东方早报》刊登《从文物考古解读上海》。

6月19—21日　前往浙江余姚田螺山遗址现场馆参加"田螺山遗址现场馆开放仪式暨田螺山遗址学术研讨座谈会"并发表观点，见《河姆渡文化新篇章——田螺山遗址》（《中国文物报》2007年8月3日）。

9月24日　前往浙江余杭参加"良渚文化博物馆陈列招标评议会"。

11月15日　前往浙江余杭参加"良渚文化博物馆陈列招标第二次评议会"。

2008年（78岁）

3月20日　前往上海市历史博物馆筹建处参加"建馆陈列大纲研讨会"。

3月28—29日　前往浙江余杭参加"莫角山发现良渚文化古城遗迹研讨会"，考察良渚古城发掘现场。

6月6—7日　前往浙江余杭参加"中华民族文化促进会中华玉文化中心（文促会玉文化工作委员会）成立大会"，受聘为委员会委员。

6月19日　在卢湾区青少年活动中心为本市老年高知退休协会文化组作"上海考古与上海历史"演讲。

6月20日　与宋建前往松江广富林遗址考察，接受上海电视台艺术人文频道和上海东方卫视采访。

10月5日　在上海博物馆观众活动室作"上海新石器时代玉器"讲座。

2009年（79岁）

3月30日　为青浦赵巷"崧泽文化陈列室"题字。

6月12日　被收入《从事文物、博物馆工作30年以上的同志名单》。

6月19日　与宋建、周丽娟一同就有关马桥遗址命名和福泉山考古成果等接受中央电视台采访。

7月5日　参加上海祥和博物馆开幕式。上海祥和博物馆坐落于梅川路缤纷生活体验街，面积2100平方米。

10月30日　应邀作为主宾，为韩国文化馆举办的"人与自然——卢辅圣艺术展"开幕式剪彩。

12月17日　应上海艺术礼品博物馆之邀商谈建馆和筹组文物鉴定中心事宜，王正书同行。

2010年（80岁）

3月26日　作为特邀嘉宾，参加"闵行区首届春申文化论坛"开幕式并作发言。

4月23日　发表《马桥文化的多元文化分析》，刊登于《文汇报》2010年4月23日第10版。

6月25日　前往青浦重固参加"福泉山遗址被国务院命名为'全国重点文物保护单位'九周年暨国家AAA级旅游景区、上海市爱国主义教育基地、福泉山遗址陈列馆揭牌仪式"，接受上海电视台记者采访。

7月10日　前往浙江余杭参加八十寿辰庆祝活动。蒋卫东、陈启贤、王明达发起，刘军、张敏、曹锦炎、李小龙、刘斌、牟永抗、陆文豹、丁金龙、张敬国、高蒙河、朱淑仪、王正书、张尉等21人参加。

7月11日　为推荐张尉新著《中国古玉研究》，发表《古玉研究的力作〈中国古代玉器〉》，刊登于《新民晚报》2010年7月11日第B06版。

10月12日　接待上海大学博物馆（筹）馆长谢维扬、馆长助理郭骥来访，商谈筹办博物馆事宜。

11月4日　参加"上海2010世界华人收藏家大会"开幕式。

12月26日　参加上海市收藏鉴定家协会换届大会，受聘为顾问。

2011年（81岁）
5月24日　出席上海大学博物馆名誉馆长聘任仪式，受聘担任名誉馆长、高级顾问委员会委员。
5月25日　前往青浦博物馆参加由上海博物馆考古部和青浦博物馆联合举办的"福泉山遗址吴家场考古新发现学术研讨会"。
7月30日　在上海博物馆多媒体厅作"上海考古与文物"讲座。
12月　接受《联合时报》关于崧泽遗址及其博物馆的采访，采访内容刊登于12月27日《切莫把崧泽遗址文化意义看小了》一文。

2012年（82岁）
5月6日　前往上海人民广播电台参加介绍福泉山考古的节目录音，采用问答形式，时长约15分钟。
11月1日　参加上海博物馆举行的建馆60周年纪念活动。

2013年（83岁）
6月13日　因病医治无效逝世。

2014年
中国社会科学院考古研究所编撰出版《中国考古学大辞典》，其中收录了建国以来有突出贡献的100位考古文博学家，上海的沈之瑜、马承源、黄宣佩三位专家入选。

（本《年谱》系根据有关通志、年鉴、个人自传、同事友人口述和文章、报刊杂志、论文，以及家属保存的资料等编撰而成。）

附录 黄宣佩著述一览

附录

黄宣佩著述一览

郭骥 张欣／整理

附录

黄宣佩著述一览

黄宣佩著述一览

编著

1. 黄宣佩、张明华：《崧泽——新石器时代遗址发掘报告》，文物出版社1987年版

2. 黄宣佩：《五千年前长江古文明——良渚文化特展》，台湾"国立中央"图书馆出版社1997年版

3. 黄宣佩：《福泉山——新石器时代遗址发掘报告》，文物出版社2000年版

4. 黄宣佩：《上海出土唐宋元明清玉器》，上海人民出版社2001年版

论文

1. 黄宣佩：《上海市嘉定县外冈古墓清理》，《考古》1959年第12期

2. 黄宣佩、孙维昌：《上海市青浦县骆驼墩汉墓发掘》，《考古》1959年第12期

3. 黄宣佩：《上海市青浦县崧泽遗址的试掘》，《考古学报》1962年第2期

4. 黄宣佩：《上海宋墓》，《考古》1962年第8期

5. 黄宣佩、孙维昌：《上海市松江县汤庙村古遗址调查》，《考古》1963年第1期

6. 黄宣佩、徐英铎：《上海青浦县发现千步村遗址》，《考古》1963年第3期

7. 黄宣佩、杨辉：《上海青浦县的古文化遗址和西汉墓》，《考古》1965年第4期

8. 梁志成、黄宣佩：《上海市金山县戚家墩遗址发掘简报》，《考古》1973年第1期

9. 黄宣佩、吴贵芳：《从严桥遗址推断上海唐代海岸的位置》，《考古》1976年第5期

10. 黄宣佩、吴贵芳、杨嘉祐：《从考古发现谈上海成陆年代及港口发展》，《文物》1976年第11期

11. 黄宣佩：《上海马桥遗址第一、二次发掘》，《考古学报》1978年第1期

12. 黄宣佩：《关于良渚文化若干问题的认识》，《中国考古学会第一次年会论文集》，文物出版社1980年版

13. 黄宣佩、张明华：《青浦县崧泽遗址第二次发掘》，《考古学报》1980年第1期

14. 黄宣佩、张明华：《关于崧泽墓地文化的几点认识》，《文物集刊》第1辑，文物出版社1980年版

15. 黄宣佩、孙维昌：《马桥类型文化分析》，《江苏省考古学会第二次年会暨吴文化学术讨论会论文集》（第 1 册），1981 年

16. 黄宣佩、孙维昌：《略论太湖地区几何印纹甸遗存的分期》，《上海博物馆集刊》1981 年第 1 期

17. 黄宣佩：《略论崧泽文化的分期》，《中国考古学会第三次年会论文集》，文物出版社 1984 年版

18. 黄宣佩、张明华：《考古学基本知识讲座（二）——石器时代》，《历史教学问题》1981 年第 2 期

19. 黄宣佩、张明华：《上海地区古文化遗址综述》，《上海博物馆集刊》1982 年第 2 期

20. 黄宣佩：《太湖地区新石器时代文化剖析》，《史前研究》1984 年第 3 期

21. 黄宣佩、张明华：《上海青浦福泉山遗址》，《东南文化》1987 年第 1 期

22. 黄宣佩：《略论我国新石器时代玉器》，《上海博物馆集刊——建馆三十五周年特辑》1987 年第 4 期

23. 黄宣佩：《新石器时代崧泽文化的陶器和玉器》，《中华文物学会》1989 年

24. 黄宣佩：《关于良渚玉器的研讨》，《中华文物学会》1990 年

25. 黄宣佩:《远古时代上海历史探索》,《东南文化》1990 年第 3 期

26. 黄宣佩:《良渚文化特征分析》,《上海博物馆集刊》1990 年第 5 期

27. 黄宣佩:《关于良渚文化"神像"的探讨》,《史前研究》1991 年辑刊

28. 黄宣佩:《关于崧泽文化》,《崧泽文化》,上海人民出版社 1992 年版

29. 黄宣佩:《良渚文化》,《上海博物馆藏良渚文化珍品展》,香港博物馆 1992 年版

30. 黄宣佩:《论良渚文化的分期》,《上海博物馆集刊》1992 年第 6 期

31. 黄宣佩:《福泉山遗址发现的文明迹象》,《考古》1993 年第 2 期

32. 黄宣佩:《关于良渚文化绝对年代的探讨》,《中华文物学会》1993 年

33. 黄宣佩:《良渚文化陶器》,《敏求精舍三十周年纪念论文集》,两木出版社 1995 年版

34. 王开发、张玉兰、封卫青、黄宣佩、张明华:《上海地区全新世植被、环境演替与古人类活动关系探讨》,《海洋地质与第四纪地质》1996 年第 1 期

35. 黄宣佩:《良渚文化研究的回顾与前瞻》,《浙江学刊》1996 年第 5 期

36. 黄宣佩:《关于河姆渡遗址年代的讨论》,《上海博物馆集刊》1996 年第 7 期

37. 黄宣佩：《良渚玉器与中华文明起源》，《中华文物学会》1996 年

38. 黄宣佩：《上海福泉山遗址与良渚文化的编年》，《良渚文化——中国文明的曙光》，勉诚社 1996 年版

39. 黄宣佩：《陶鬶起源探讨》，《东南文化》1997 年第 2 期

40. 黄宣佩、周丽娟：《上海考古发现与古地理环境》，《同济大学学报》（人文·社会科学版）1997 年第 2 期

41. 黄宣佩：《说琮》，《上海工艺美术》1997 年第 3 期

42. 黄宣佩：《良渚文化分布范围的探讨》，《文物》1998 年第 2 期

43. 黄宣佩：《良渚玉器用途之研究》，《良渚文化论坛》1999 年第 1 辑

44. 黄宣佩：《齐家文化玉礼器》，《东亚玉器》，香港中文大学 1999 年版

45. 黄宣佩：《良渚文化研究 50 年》，《史前研究》，三秦出版社 2000 年版

46. 黄宣佩：《上海考古五十年成就》，《上海博物馆集刊》2000 年第 8 期

47. 黄宣佩：《福泉山良渚文化玉器》，《收藏家》2001 年第 11 期

48. 朱海信、承焕生、杨福家、黄宣佩、熊樱菲：《福泉山良渚文化玉器的 PIXE 分析》，《核技术》2001 年第 2 期

49. 黄宣佩：《良渚文化玉砭——锥形器的研究》，《中华文物学会》2001年

50. 黄宣佩：《崧泽文化显示的文明曙光——纪念苏秉琦先生诞辰90周年》，《苏秉琦与当代中国考古学》，科学出版社2001年版

51. 黄宣佩：《福泉山考古记》，《上海文博论丛》2002年第1期

52. 黄宣佩：《崧泽文化对中国远古文明历史的贡献》，《上海博物馆集刊》2002年第9期

53. 黄宣佩：《中国隋唐至清代玉器学术研讨会论文集·前言》，上海古籍出版社2002年版

54. 黄宣佩：《福泉山良渚文化墓地的家族与奴隶迹象》，《良渚文化论坛》，中国文化艺术出版社2003年版

55. 黄宣佩：《良渚文化上砣研痕之研究》，《史前琢玉工艺技术》，台湾博物馆2003年版

56. 黄宣佩：《良渚文化晚期玉器的异变》，《浙江省文物考古研究所学刊》2004年

57. 黄宣佩：《马家浜文化对我国远古科技文化的贡献》，《嘉兴文博·马家浜文化发现45年研讨会》2004年

58. 黄宣佩：《良渚文化玉器变白之研究》，《上海博物馆集刊》2005年第10期

59. 黄宣佩：《金沙村十节神面纹玉琮分析》，《三星堆与长江文明》，四川文艺出版社 2005 年版

60. 黄宣佩：《上海博物馆馆藏良渚刻符玉器》，《中国玉文化玉学论丛》，紫禁城出版社 2005 年版

61. 黄宣佩：《上海考古精萃·前言》，上海人民美术出版社 2006 年版

62. 黄宣佩：《我的考古之路》，《往事与记忆——上海地区博物馆、纪念馆口述访谈录》，上海辞书出版社 2010 年版

63. 黄宣佩：《甲子华诞话上博》，《六十风华——上海博物馆建馆 60 周年纪念文集》，上海书画出版社 2012 年版

后记

后记

上海大学博物馆
副研究馆员

郭 骥

第一次见到黄宣佩馆长是在2010年的10月12日，后来在整理黄馆长留下的资料时，也看到了他对这天会面的记录。当时我跟随时任上海大学博物馆馆长、也是我的导师谢维扬教授前往黄馆长家中，求教博物馆新馆的筹建事宜。黄馆长矍铄的精神，学者的气度，以及带有宁波口音的普通话，都给我留下深刻的印象。之前由于专业背景的原因，很早就有所了解黄馆长在考古领域、在重构上海史前史方面的卓越成就，但是这一天，我才知道他在上海地区博物馆建设方面所作出的重要贡献。

　　在谢维扬馆长的力邀下，2011年5月，年过八旬的黄宣佩先生出任上海大学博物馆名誉馆长。他这位名誉馆长并不只担虚名，而是切切实实为上海大学筹建博物馆身体力行。黄馆长亲自给上海和江浙两省的博物馆和文物考古部门的专家打电话，邀请他们一同组成上海大学博物馆的顾问委员会，还计划着率队前往江浙等地商讨文物调拨事宜。他在家中接待我们，指导整理马家浜文化和崧泽文化的考古资料，并制作成图录。黄馆长透露出他对展示环太湖流域史前文化的设想，他想让这些遗存自己说出史前人类生活的状态和经历的故事。可惜时至今日，尚未有一座博物馆实现这个设想。2011年秋，黄馆长因病入院治疗，工作一度中断。每当病情稍有好转回家休养时，黄馆长都让我们前去报告博物馆的筹建进展，并继续指导完成了崧泽文化资料的整理。后来我算了算，从2010年起，短短两年间在黄馆长家中整理资料、商谈工作竟有20多次。然而遗憾的是，良渚文化和马桥文化部分终于未能完成。

黄馆长病重期间留下遗愿，要将毕生藏书捐赠给上海大学博物馆。黄馆长去世后，承蒙其子黄震先生，其女黄蓓、黄蔚女士的信任，藏书顺利入藏博物馆，完成了黄馆长的遗愿。藏书捐赠仪式上，王明达先生提出为黄馆长编写年谱和传记的想法，上海大学吴明红副校长、博物馆陶飞亚馆长极力赞同，并决定由上海大学来承担这项工作。上海大学博物馆、出版社的历任领导谢维扬、陶飞亚、陆铭、刘绍学、郭纯生、戴骏豪等，都对本书的编撰和出版给予关心。上海大学博物馆在自身经费极其有限的情况下，资助了本书出版的主要费用。

上海大学历史系吕建昌教授和我负责具体的撰写任务，在黄馆长子女的帮助下搜集和整理各种材料，同时分头采访黄馆长生前的同事和业内同行。2015年，由于吕建昌教授科研任务繁重和身体原因，转由我接手相关工作，历时三年，几易其稿，终于完成了全书的主体内容。黄馆长曾撰有约3万字的个人小传，情节生动，我们以此为基础，在校订史实、充实内容的同时，尽可能保留原作中回忆亲身经历、流露真实情感的内容。写作期间，我们走访了黄馆长的故乡宁波鄞南石桥村，他曾领队发掘的福泉山遗址，他主持建设的青浦博物馆、嘉定博物馆、上海崧泽遗址博物馆等地，并参考相关通志、年鉴等文献材料，查阅了上海博物馆档案室、上海档案馆、上海海洋大学（原江苏省立水产职业学校）校史馆收藏的档案资料。撰稿期间，我们还编纂了近9万字的年谱，囿于篇幅，本书在收录时作了精减。完稿阶段，黄宣佩馆长的学生周丽娟，以及上海市历史博物馆馆员戎静侃在查阅上海博物馆考古部资料的基础上，为本书考古部分的内容增加了许多重要资料，戎静侃并对全书作了通读和润色工作。

感谢陈佩秋先生为本书题字。本书在撰写过程中，上海博物馆原馆长陈燮君、原副馆长陈克伦，以及现任馆长杨志刚、考古部主任陈杰等，都给予了诸多支持。陈燮君馆长和杨志刚馆长亲为本书作序，尤为感动。上海海洋大学校史馆宁波馆长提供了江苏省立水产职业学校的相关档案，很是珍贵。特别感谢黄馆长之女黄蔚女士，自始自终都给了我们很大帮助，并对本书提出了诸多宝贵建议。此外，我们选编了蒋赞初、宋建、蒋卫东等先生发表在《上海文博》上的回忆文章，摘录了黄宣佩先生追思会上刘军、王明达、邹厚本、彭适凡、栾丰实等先生的发言，他们都对黄馆长的学术成就和处世为人作了精准而中肯的评价。邓淑蘋、朱淑仪、王正书、周丽娟、周丽中、郭正明、左富根等黄馆长的同事和旧交，或是拨冗接受采访，或是不吝赐稿，也为丰富黄馆长的生平经历提供了宝贵材料。上海大学出版社常务副总编傅玉芳、责任编辑黄晓彦对于本书做了细致入微的编审工作。上海大学美术学院兼职教授朱枫为本书的装帧提供了雅致精美的设计方案。上海大学博物馆馆员张欣、李信之、曹默，以及文学院徐欣莹、孙婷、曹雪怡等同学，为本书的资料整理和口述采访做了大量工作。在此一并致以诚挚谢意！

再次感谢上海大学博物馆、上海博物馆等提供的资料支持和资金资助！

同样感谢上海文化发展基金会提供的出版资助！

2001年秋，我在重庆万州参加三峡考古发掘，听说过黄馆长几年前曾在这里指导上海大学的考古队。2009年，我在整理原属上海大学历史系收藏的福泉山出土文物时，看到了黄馆长与上海大学签订的调拨清单。现在想来，能为他撰写这本传记，也是缘分。

是为记。

郭骥

2018年5月

图书在版编目（CIP）数据

上海考古第一人：黄宣佩传/郭骥，吕建昌，戎静侃著.
—上海：上海大学出版社，2018.10
ISBN 978-7-5671-3236-8

Ⅰ．①上… Ⅱ．①郭… ②吕… ②戎… Ⅲ．①黄宣佩传记 Ⅳ．①K825.81

中国版本图书馆CIP数据核字（2018）第218441号

责任编辑　黄晓彦
美术设计　上海金脉美术设计有限公司
　　　　　朱晟昊　朱枫　陈佩青

书　　名	上海考古第一人：黄宣佩传
著　　者	郭骥　吕建昌　戎静侃
出版发行	上海大学出版社
社　　址	上海市上大路99号
邮政编码	200444
网　　址	http://www.press.shu.edu.cn
发行热线	021-66135112
出版人	戴骏豪
印　　刷	上海艾登印刷有限公司
经　　销	各地新华书店
开　　本	787×1092 1/16
印　　张	20
版　　次	2018年10月第1版
印　　次	2018年10月第1次
国际书号	ISBN 978-7-5671-3236-8/K·190
定　　价	88.00元